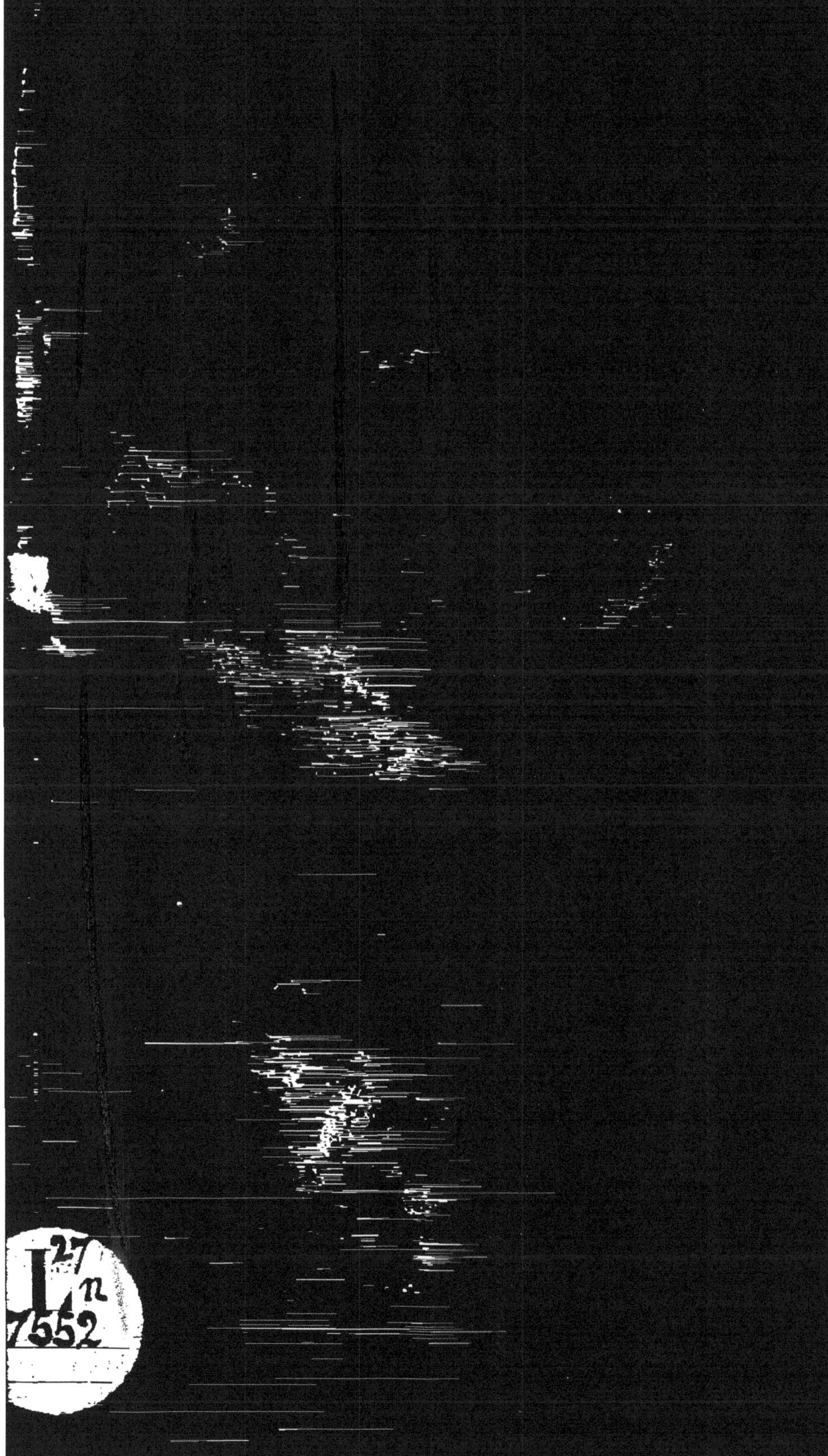

LA FRANCE EN ÉVEIL

BALZAC

ET LE TEMPS PRÉSENT

PAR

LE DR HENRI FAVRE

Sursum corda!
Haut les cœurs!

PARIS

C. MARPON ET E. FLAMMARION
ÉDITEURS
RUE RACINE, 26, PRÈS L'ODÉON

—

1888

A LA MÉMOIRE DE MICHELET

NOTRE ILLUSTRE ET GRAND MAITRE

DE

L'HISTOIRE DE FRANCE

HOMMAGE ET REMÉMORATION

DE LA PATRIE

SIMPLE EXPLICATION

Comment peut-on être Persan? se demandait-on du temps de Montesquieu.

Se peut-il qu'on ait été de 1848! risquerait, au besoin, un politicien nouvelle couche, tout frais émoulu du dernier raiguisage électoral.

Jeunes barbes, tirez-vous au plus clair de vos avantages moraux et physiques; rien de plus naturel. Pourtant que le temps présent ne se presse pas trop de verser son sablier d'indifférence ou de prescription sur les têtes chenues qui eurent aussi jeunes barbes en leur printemps.

Certes, notre génération a été rudement secouée par les déceptions et les épreuves. Nous avons connu la prison et l'exil. Nous avons payé l'amende au fisc. Le Deux-Décembre ne nous fut pas tendre, mais enfin nous voilà encore assez solidement plantés sur nos talons.

Malgré tout, c'est 1848 qui a fourni le Président à la République, renouvelée de notre âge juvénile. 1870 n'a pu encore arriver à se hisser jusque-là. On peut donc avoir été de 1848 et s'en souvenir avec quelque satisfaction d'âme.

Figaro disait : « On est toujours le fils de quelqu'un » ; l'on a pour mère, engendrante sinon nourricière, une époque quelconque. Je suis de la famille républicaine et sociale de 1848.

« Et s'il n'en reste qu'un, je serai celui-là! »

Sous l'évanouissement des *illusions perdues*, qu'on nous permette de nous rapporter au patronage si supérieurement ethnique et si éminemment français de Balzac. Comme nous, il vit se lever l'aurore de 1848, mais la mort le délivra des lourdeurs crépusculaires du second empire. Depuis, justice a été faite; mais c'est l'étranger qui a tenu la hache et apporté les cordes. L'aventurier de Strasbourg et de Boulogne, le tueur de Baudin et de Gaston Dusoubs, nos co-nés de 1848, fut noyé comme empereur dans la boue sanglante de Sedan.

La hache prussienne avait frappé l'ennemi à la tête, mais les cordages tudesques ont lié les poings meurtris de notre France qu'on a tenté depuis de narcotiser aux charmes du népenthès de la fausse sécurité. La catastrophe nous a fait rentrer en nous-même et nous nous sommes religieusement recueilli.

Au fond, pour nous, 1870 n'avait rien que de lugubre. Les noires péripéties de la Commune nous rappelèrent douloureusement les terribles journées de Juin. Nous aimions mieux nos souvenirs idylliques de 1848 où nous plantions naïvement, mais le cœur gai et dispos, nos arbres verdoyants et bénits de la Liberté.

Pourtant, un cri sortit de notre poitrine, une protestation s'épancha de notre âme. L'ombre des casques prussiens avait assombri les horizons rembrunis de notre patrie mutilée et mise à rançon.

J'avais ressenti la douleur en plein cœur, j'avais senti la honte nationale comme si le Germain m'eût frappé personnellement au visage.

Je montai à la première tribune qui me fut disponible; et, après la libération financière du territoire national, je n'hésitai pas à me reprendre, avec Balzac, aux branches du Génie de la Race.

En pleine conférence du boulevard des Capucines, je dis publiquement, le 5 mars 1873, aux allemands de Guillaume et de Bismarck : *Sit pecunia tecum!* Vous êtes payés, nous nous souviendrons!

Depuis, nous sommes tous demeurés sur le quivive. Notre 1848 était peu connu; la République était reprise, mais la France était en défaite, en humiliation et en péril. 1870 n'a pas dit son dernier mot, nous n'en avons pas moins loisir de reprendre le sens de nos traditions premières. Toutes nos générations de France ne font qu'un même bras et n'ont qu'un même cœur à l'encontre de l'étranger.

Or, chez nous, l'étranger est de plusieurs sortes. La *Comédie humaine* de notre si bon voyant Balzac nous a appris que rien n'est simple dans les triturations de Paris et dans les agissements du monde.

Nous avons eu désir de projeter un peu de lumière sur les fondrières contemporaines. Le temps présent a besoin, à la fois, qu'on le mesure et qu'on le prévienne.

Balzac, pour cette mise de la France en éveil, nous a semblé le jaugeur suprême et le plus vigilant réveil-matin.

BALZAC

ET LE TEMPS PRÉSENT

Sursum corda !
Haut les cœurs !

CHAPITRE PREMIER

LE GÉNIE DE LA RACE

L'époque actuelle est, en elle-même, troublée et menaçante. L'heure presse. France, en éveil ! ne te berce plus de rêveries. Debout ! Il n'est que temps.

Les événements qui sont intervenus ont marqué le temps présent d'un signe tout particulier, d'un caractère d'inquiétude et de perturbation.

Au temps de Balzac, la situation, bien qu'assez rembrunie d'horizon déjà, était un peu différente de celle qui nous est faite aujourd'hui.

On sortait alors, il est vrai, d'une phase révolutionnaire plus agitée assurément que celle que nous

1

traversons de nos jours, mais toutes les conséquences de la Révolution étaient loin d'apparaître encore à l'œil et à l'esprit des contemporains.

Balzac représente, entre les mouvements extrêmes de la Révolution et de l'Empire, une sorte d'intermédiaire judicieux qui permet de se reposer et de se recueillir.

Balzac, sous quelque aspect qu'on l'envisage, est un esprit à part. Il a fait, en consonnance avec le temps qui saisit au plus près nos plus immédiates actualités, une œuvre unique.

L'esprit et l'œuvre, chez Balzac, se tiennent en le plus parfait accord.

Quels sont cet esprit et cette œuvre? Il est bon et profitable, croyons-nous, de le rechercher en la corrélation la plus directe qu'on peut y établir avec le temps présent.

Pourquoi Balzac a-t-il fait son œuvre? Quelle a été la nature de son génie? Pourquoi ce génie lui a-t-il été particulier? Voilà ce qu'on doit se demander tout d'abord au sens de ce qu'on peut appeler le Génie de la Race.

En notre temps, encore plus de renouvellement que de révolution, la race doit jouer un très grand rôle.

Trop souvent, en France, on imagine que cette question, d'une capitale importance, ne nous regarde qu'assez peu.

Par contre, les étrangers se sont beaucoup occupés de la question des races, pour y puiser des observations, pour y chercher des arguments ou pour y découvrir des perspectives.

Les Slaves ont eu souci et préoccupation de la race. Les Germains ont fait de même pour s'affirmer comme puissance, au triple sens du passé, du présent et de l'avenir.

A Belgrade, à Bucharest, en Bohême et dans toute la Slavie, ce sont des reprises; en Allemagne, ce sont des affirmations.

Au commencement de la guerre de 1870, l'esprit germanique ne s'est pas affirmé de prime abord. Il n'en est pas moins arrivé graduellement à la négation profonde de tout ce qui nous est cher, de tout ce qui constitue le sens le plus intime de notre esprit et de nos sentiments en tant que nation et en tant que race.

La dernière guerre entre l'Allemagne et la France garde, à ce point de vue, une importance exceptionnelle, en dehors même des défaites et des désastres, dont nous saignons encore aujourd'hui.

Ces désastres demeurent inoubliables; mais ce qu'il y a de plus pénible et de plus amer, c'est de sentir que l'ennemi a été fouiller aux profondeurs de notre âme, aux intimités de notre cœur, aux plus mystérieux secrets de nos sentiments.

En même temps que nous étaient imposées les plus arrogantes insolences de la victoire, l'on nous est venu déclarer d'outre-Rhin, que l'on nous tenait pour asservis à des pouvoirs extérieurs à notre génie propre. L'on nous marquait ainsi de deux caractères étrangers qui semblaient justifier notre condamnation.

L'arrêt a été prononcé par un professeur de Berlin, Dubois Reymond, dont la famille, d'origine française, s'était réfugiée en Prusse par suite de la révocation de l'édit de Nantes, au temps de Louis XIV.

Ce magister tudesque a dit, dans son cours, comme programme préalable de l'entreprise germanique à notre encontre : « En la présente guerre, l'Allemagne a pour but d'atteindre la race latine et l'ultramontanisme romain, en la personne de la France; ce premier coup porté à la nation vaincue, nous n'aurons plus qu'à détruire, sur son territoire, la race celtique en ses réserves et en ses aspirations. »

Tel est l'*Alea jacta est*, tel est le *Væ victis* qu'un renégat de France nous a lancés de sa bave reptilienne, du haut de son tréteau de stipendié berlinois.

Nous nous sommes sentis menacés dans notre vitalité de Celte, en nos pays de l'Ouest, nous ne l'oublierons pas : Un bon averti en vaut deux.

L'instinct germanique a pesé sur nous de tout le poids de sa force matérielle, de sa lourdeur d'érudition, de sa prétention raisonneuse, surtout de son inexorabilité rapace et comptable.

Français, qu'avions-nous à dire? Celtes, qu'avions-nous à répondre. J'ai réfléchi et j'ai trouvé.

Balzac m'est apparu comme celui des nôtres qui se dresse le plus droitement en face de la Germanie, au nom de la race, par la valeur du génie, par la portée de l'œuvre.

Les Allemands peuvent aspirer à supprimer la France, ils n'effaceront jamais du sol la race qui a produit Balzac. Quand toutes les hordes du casque à pointe fouleraient la France, le génie de Balzac se lèverait pour leur crier : « Faux civilisés, la comédie humaine est en scène, elle se jouera sur vos têtes et vous aurez forcément à la subir ! »

Tels sont les hommes de génie. Grâce à eux, les nations qui les évoquent se peuvent affirmer dans l'immortalité. Ils font que ces nations ne passent point comme de simples météores, mais qu'elles permanent comme des soleils qui brillent et qui réchauffent, pour mettre en lumière et en fécondité la terre des hautes visées et des valeureuses destinées.

Dans ce sentiment qui m'anime je n'ai nullement l'intention d'exposer le Balzac littéraire, philosophe ou romancier.

Ce sont là de très grands côtés de Balzac, mais ils ne relèvent pas de ma compétence.

C'est à titre de Celte que j'ai à propos de rappeler l'œuvre de Balzac en ce qu'elle a de commun avec l'avenir de notre France et le génie de notre race.

Quel est ce génie de la race ! Quelle est la signication du mot génie ? Quelle est la relation entre la race et le génie ?

Voilà ce qui nous semble utile à examiner dans le temps présent qui demeure forcément solidaire de la pensée de Balzac, Français et Celte tout à la fois.

Qu'on jette les yeux sur une carte de France et l'on s'aperçoit que notre pays, en son ensemble, figure un hexagone presque parfait quand on ne l'a pas déformé.

Comme l'hexagone était bien fait, des mains agressives sont venues l'entamer sur un de ses côtés. Mais l'histoire le démontre par la suite des âges, quand on déforme la France en la refoulant, elle rebondit en reprenant son élan. Nos pères, les Gaulois, ont prouvé toute la vigueur de leur ressort en leur vaillante poussée d'il y a trois mille ans.

La France a ses annales; mais la Gaule a ses fastes aussi, consignés en de vastes archives séculaires où notre pays a imprimé le sceau de son courage et de son âme.

On a trop oublié ou méconnu chez nous cette tradition supra-classique, parce que notre territoire a subi la double invasion du monde latin et de la barbarie germaine.

Nos Gaulois, en des époques anciennes, furent obligés de battre en retraite de la Cisalpine, de l'Allemagne, de la Bohême, de la Belgique. Ils rentraient dans leurs lignes parce que leur génie s'était épuisé après s'être trop répandu.

Alors nos Eubages, nos Brenns disparurent en laissant leurs traces partout où ils avaient passé. On est entré sur leurs voies, on les a suivis sur les chemins qu'ils avaient jalonnés des bornes millénaires de leur gloire.

On imaginait qu'ils allaient s'évanouir. Non! Ils se repliaient dans la mort, dans le principe qui les avait si souverainement animés. Leur croyance se rapportait à cette idée suprême : « On peut quitter la terre sans regrets et en pleine espérance lorsqu'on a marqué dans ce monde la triple empreinte de la philosophie, de la poésie et de l'art. »

Il y a eu toute une religion druidique, il se créa la plus ample philosophie gauloise. Nous avons le droit et le devoir, en notre compréhension la plus haute, de reprendre les dogmes, les maximes et les poésies qui sont en notre plus directe tradition.

Tout ce qui tient à l'essence et à la vie de notre race, faisons-le renaître en nos intelligences et en nos cœurs pour ne le plus laisser mourir.

Tous les peuples arguent de leur histoire, ne nous laissons pas conquérir par l'esprit des histoires étrangères. Rien ne nous serait plus funeste.

L'étranger est d'autant plus sûr de pénétrer sans efforts au sein d'une nation qu'il se veut soumettre, qu'on l'a laissé se faire précéder de sa philosophie, de sa dialectique, de sa poésie et de son art.

Lorsque Cousin fut, en 1828, du temps de notre Restauration tracassière, renvoyé de la Sorbonne, il passa de l'autre côté du Rhin. Que fit-on à Berlin? On l'arrêta, on le mit en prison. Etait-ce un attentat contre la liberté professorale? Aucunement! On recueillit soigneusement notre naïf voyageur en rupture de Sorbonne. Dans sa cellule de prisonnier, on avait la délicate attention de lui envoyer Hegel, le parangon du plus vague idéalisme de ce temps-là.

Le professeur prussien parla au professeur français; il prit soin de l'initier à toutes les fuliginosités du plus vertigineux panthéisme. La philosophie allemande revint triomphante en France; nous ne savons que trop ce qui nous en est advenu.

Le temps présent s'imprègne des plus asphyxiantes effluves de l'Inconscient et du Pessimisme de Germanie. Schopenhauer est réhabilité en France, Harman hante la cervelle creuse de nos Sorbonistes les plus universitairement autorisés.

Que Dieu et Balzac préservent du poison mortel

nos jeunes générations d'aujourd'hui et de demain!

Quand on a désir de sainement apprécier le génie de la race, indispensable, il est de s'assurer si cette race a un territoire, des traditions, une conscience.

Le territoire, la conscience, la vie, telle est la trinité à l'aide de laquelle on s'affirme et se confirme dans l'humanité.

Chez nous, avons-nous cela? Assurément oui! A ce titre, le plus ferme représentant du génie de notre race, en dehors des Temples, dans une poussée unique d'aspiration gigantesque, c'est Balzac.

Balzac est né à Tours, en plein territoire de race celtique.

La race est exclusive. Elle demeure un principe de garde; elle reste un point de départ. La race celtique est dans son Ouest; chaque fois qu'on l'y a été déranger dans son territoire, on a parfaitement senti que les Celtes étaient toujours là.

Balzac c'est le génie de la Celtique, qui a des convictions et des préjugés. Il tient à la noblesse en parenté, il se sent catholique par tradition. A ce double titre, il s'imagine être royaliste; mais, au fond, il est Balzac, cela suffit.

Balzac naît à Tours, en mai 1799, au moment où on allait signer le Concordat; à l'époque où se fait la trêve entre les Celtes, après la guerre terrible entre le classique et le religieux.

Balzac s'élève dans les plaines de la Touraine, cette partie de la Celtique la plus riante et la plus joyeuse, sans la rudesse de la Bretagne, sans la sauvagerie de l'âpre Vendée.

Balzac vient au monde dans la rue Royale. Il est

le rejeton légitime d'une famille, comme on dit, un peu *née*. Sa mère, intelligence remarquable, avait eu souci, comme cela n'était pas rare au dix-huitième siècle, de la kabbale plus ou moins entachée du mysticisme de cette époque de bouleversement bien plus que de transition.

Son père était d'un caractère un peu jovial, tendance de la race celtique lorsqu'elle est livrée à son propre mouvement. Ce père avait, sur la vie courante, les idées particulières à son époque.

Le fils a pris le double caractère : mysticisme, élévation, souci de l'idéal par sa mère; rotondité, bonne humeur par son père.

Balzac est, à la fois, de bonne humeur et inspiré, ce qui le constitue, au fond, rabelaisien de forme et cartésien de pensée.

Dans le génie de Balzac, la race est tellement prédominante, la poussée idéale demeure si nerveusement incoercible, qu'il ne trouva capable, non de l'inspirer et de l'émouvoir, mais de l'occuper, que ce Paris qu'il appelait son grand épouvantement.

Paris, avec ses masses énormes, vastes, grandioses, avec ses conjurations, ses convoitises et ses appétits formidables, était seul de taille à ce que Balzac se mesurât avec lui.

Quand, de ses bras de géant, notre Tourangeau indomptable avait bien soulevé Paris, il allait, pour se détendre les muscles, soupeser la province. Il les mettait en rapport de balance de tous les instants; et, après cet exercice d'Hercule de la pensée et de l'expression, il semblait, allégé, respirer plus à l'aise.

C'est ainsi que ce Celte colossal qui n'a jamais

réfléchi, qui oncques ne raisonna, et ne fut pas de l'Académie, a passé son temps de gymnastique intellectuelle et créatrice.

Aussi l'a-t-on déclaré personnage bizarre, plus que singulier, à qui il ne manquait pour avoir licence d'entrer dans la société commune qu'une seule chose : être raisonnable.

La raison, telle est l'idole fétichiale que le temps présent hisse sur son autel, en déesse, et devant laquelle il invite ou contraint le passant à se découvrir du bonnet ou à fléchir le genou.

Etre raisonnable, c'est le contraire de ce qu'on peut exiger de la race celtique, aussi bien dans les bons que dans les mauvais jours de son application.

Le Celte sent toujours, aspire sans cesse. Quand il ne se voit rien à faire dans le sentiment ou dans l'aspiration, il s'engourdit, il s'endort.

Allez en Bretagne, vous y rencontrerez des gens qui se réunissent; ils ont l'air de penser, ils ne rêvent même pas. Vous leur attribuez une attitude de profondeur; ils ne songent absolument à rien.

Cet air qui vous frappe, ces bonnes gens de là-bas le prennent pour se donner un aspect d'existence, uniquement pour témoigner qu'ils ne sont pas absents de ce monde.

Dégonflant une panse de cornemuse ou soufflant dans le corps vibrant d'un biniou, ils jouent, sans se fatiguer, toujours le même air rythmé avec le même balancement du corps.

Qu'on amène là un doctrinaire, un rationaliste, un membre de l'Académie des Inscriptions et Belles-Lettres, s'il n'est pas quelque peu du pays, il décla-

rera tous ces cornemuseurs parfaitement insensés
dont le temps présent, en sa qualité de superlative-
ment utilitaire, ne tirera jamais rien à son profit.

Balzac avait en lui quelque chose de cette innéité
d'irrationalité réfractaire.

Au collège de Vendôme, il s'essayait déjà à faire
un traité de la Volonté. Quand le cuistre, le régent
du collège, fut instruit de l'algarade, il déclara que
l'élève Balzac lui manquait de respect.

Balzac, en cette occurrence significative, faillit
mourir d'une volonté rentrée. On le ramena dans
sa famille atteint d'une sorte de léthargie. Il fut
dénoncé à son père comme un mauvais élève dont
on ne pourrait jamais rien faire. Tel fut le premier
jugement porté à son égard.

Il s'est souvenu, plus tard, de la sentence, et il a
dépeint, en maître éprouvé, toutes les tortures que
recèlent ces institutions de surmenage et d'abêtissement.

Balzac fut, du collège, reconduit chez sa mère, à
laquelle on rendait son enfant comme un cadavre,
une masse inerte, décomposée. Le proviseur déclarait qu'on ne pouvait pas faire mieux.

Toutes les fois qu'on met notre race celtique aux
prises avec des méthodes strictement préconçues,
on la détruit, au lieu de l'instruire; on la rend
idiote. Dans ces conditions de labeur forcé, la Celtique dort, rêve, meurt ou se suicide.

Quand elle n'a pas la nostalgie, notre race se
suicide par l'ivresse alcoolique.

Lorsqu'on voit, en ses parages, ces populations,
couchées comme des monolithes, on s'imagine

qu'elles ne se relèveront jamais. N'ayez peur, si elles dorment, c'est que rien ne les incite à la veille.

Que vienne les heurter l'obstacle devant lequel elles se puissent dresser de toute la hauteur de leur énergie la plus intime, que l'idéal ait besoin qu'on l'embrasse et le porte, que le sentiment les appelle à se survivre ou à mourir, alors, d'une seule masse, ces vaillants se tiennent de pied ferme, parce que mourir c'est pour eux s'affirmer hors de la terre dans le grand principe surnaturel qui sommeille en eux.

Balzac, lui aussi, a semblé atteint de somnolence incompréhensible jusqu'au jour où le contact de Paris et le souffle de l'idéal supérieur l'a réveillé et remis sur ses pieds.

Il avait failli mourir au collège, il s'en fallut de peu qu'il ne fût enseveli vivant dans les froides catacombes d'une étude d'avoué, autre genre de collège où Balzac eut la sensation glaçante des choses horribles qu'il lui avait été donné d'y percevoir. Plus tard, il a marqué, de son style lapidaire, ces infamies lugubres qu'il tint à révéler pour qu'on s'en pût garer au lieu de les subir.

Balzac a échappé au collège, il s'est dégagé des entraves de la basoche, maintenant il va affronter un monstre non moins épouvantable; il s'engouffre dans le labyrinthe d'une bibliothèque aux plus menaçants in-folios.

Il dévore des masses de bouquins indigestes; il s'accable du plus lourd fardeau de notes et de relevés. Il s'essaie à composer des volumes sans nombre, à la mode romantique du jour, avec toutes les conventions que ce genre hybride comporte.

En ce travail de Titan, il soulève des blocs sur lesquels il ne peut parvenir à graver son nom.

Il se dérobe sous de fallacieux pseudonymes. Enfin, la bibliothèque l'étouffe et ses propres élucubrations l'écœurent ou l'asphyxient.

Comment sort-il du labyrinthe et de l'impasse? Il s'en dégage comme ses pareils de race; en vrai Celte, il brise les entraves, et, sans la moindre hésitation, il se gratifie de la liberté.

Que Balzac fût demeuré en son terroir de Touraine, il courait le risque de ne se relever jamais; en celtique pure, on est en danger de ne se point réveiller, parfois même on y oublie de vivre.

Quand, par hasard ou par fortune, le Celte est amené à se mêler à un mouvement extraordinaire et incessant, il a chance de se réveiller. Il sent un monde qui l'oppresse et le pousse, et, comme Rastignac, du haut du cimetière du Père-Lachaise, il se peut écrier en vigilance parfaite : « **A nous deux maintenant!** »

Ce cri puissant est celui de Balzac en face de son Paris babylonien. Balzac a été plus fort et plus grand que Paris qui n'a pu ni le vaincre ni le soumettre. Paris, au fond, est un mélange de chatoyances et de frivolités.

Or Balzac n'était ni de miroitage, ni frivole. Il resta solide, fécond et total.

Qu'on interroge un portrait de Balzac : il nous présente une tête ronde, des yeux étroits, une bouche sensuelle aspirant la vie. On devine tout un monde dans cette tête ; ce monde en sortira pour se dérouler en produits énormes, en œuvre cyclopéenne. Dès que, pour la machination de sa Comédie humaine, Balzac touche à la mise en scène, il ne s'attarde pas à brosser des toiles de fond et à combiner des trucs pour l'illusion et le trompe-l'œil. Il tient à rester lui-même, à se maintenir à l'aise et sans gêne.

Druide sans forêt, eubage sans contrainte, barde sans lyre, brenn sans glaive, il soulève de la main le monde de la Terre sociale et époussète, de sa plume alerte, les musées les plus vulgaires ou les plus secrets de notre civilisation. De son geste puissant, il a surmonté Paris, et le monde a été étonné.

Se libérant en Celte émancipé, Balzac entre en champ clos par un immense éclat de rire. Il fait la Physiologie du Mariage.

Regardant le monde social en face, il lui crie à première rencontre : « Monde, tu es ridicule, impuissant et féroce ; je vais te dépecer sans réserve, et te clouer au pilori. »

Alors tous de clamer en chœur : « Balzac est immoral. »

Myrmidons qui ne voyaient pas qu'un Celte pantagruélique se réveillait au milieu de leur multitude grouillante ; il soufflait de ses puissants naseaux et Liliput tombait à plat.

Balzac avait ri ; son rire réveilla tout autour de lui. Il a poursuivi, sans relâche, son œuvre inénarrable ; il ne s'est rendormi qu'à l'heure où il est mort.

On a imaginé gratuitement que Balzac avait

réfléchi son œuvre. C'est une illusion et une erreur de le croire. Il l'a vécue, sa Comédie humaine, et il l'a évoquée pour nous en gratifier et nous la transmettre, en sa qualité de colossal suggestif, plus que *medium*, mais bien suprême médiateur. Il créait de la vie artificielle, il évoquait tout à la lumière de sa chambre claire, et cette chambre devenait un musée, un temple.

Parfois il lui arriva de réunir plusieurs personnes dans sa petite chambre; il éteignait les lumières et il racontait à l'auditoire un peu contraint et improvisé Ferragus ou la Fille aux yeux d'or.

Balzac vivait ce qu'il disait. Il était tellement d'intuition, de création immédiate, qu'on n'a jamais compris sa manière de corriger ses épreuves.

C'est qu'au fond, il ne les corrigeait pas. Comme Dieu, il faisait sa Genèse. Il commençait par un *Fiat lux* initial; il envoyait, devant lui, les formes se promouvoir sous la poussée de l'esprit qui est porté sur les eaux et qui souffle où il veut.

Puis, de son firmament, il évoquait le soleil essaimant ses planètes. Trouvait-il quelques points trop nus? Il les complétait, dût-il faire pour cela toute une genèse de soleils.

Balzac ne se levait pas en disant : « J'écrirai tant de pages; » il se déclarait *in petto* à lui-même : Je serai ce jour-ci ce que je puis être.

On a prétendu qu'il zébrait ses épreuves. Non! Il les étincelait, si l'on peut ainsi dire, il les rayonnait. Quand l'imprimerie se dressait devant lui, c'était comme une apparition inattendue et étrange; sa plume n'y communiait aucunement et, pour se retrouver dans sa route géniale, il cherchait, dans sa tête d'inspiré, ses cailloux blancs du Petit Poucet.

Voilà comment il est loisible de comprendre Balzac dans la confection de son œuvre surhumaine; sans cela, mais... il aurait été de l'Académie.

Balzac, en principe et en acte, est un représentant gigantesque du génie de la race celtique. Un seul lieu lui a fourni le stimulant nécessaire à l'accomplissement de son œuvre incomparable, ce lieu prédestiné c'est Paris.

Dès qu'il a mis le pied sur l'asphalte parisien, Balzac oppose son être intime à ce Paris qui vous attire et qui vous engouffre. Le Celte a résisté à la séduction et à l'abîme, il a travaillé à Paris et il y est mort à l'heure du triomphe et de l'accomplissement.

Dans l'entourbillonnement de Paris, Balzac n'a jamais été, en ses heures d'angoisse et d'épreuve, ce qu'on a qualifié jadis du nom de bohème.

Il a été un homme pauvre, embarrassé dans ses affaires, il ne prit, en aucune occurrence, les habitudes d'un homme errant.

La bohème, en soi, n'est qu'une impuissance. Elle a pu apparaître, en certaine époque, comme une libération vague, trouble, indéfinie. Elle n'est pas la grandeur, mais bien l'insuffisance.

Balzac, tout en portant en lui le génie de la race celtique, n'a jamais, une fois qu'il eut pris réveil en la capitale si mouvementée de la France, proclamé que le vague fût le réel, que le rêve est la vie, que la fantaisie est l'œuvre. Tant que l'ouvrier ne donne pas la forme, tant qu'il n'incarne pas cette

forme dans un corps créé de ses propres mains,
Balzac l'a compris, on ne saisit qu'une silhouette
chatoyante. On a pu rêver comme un Celte, on n'a
pas suffisamment agi en vaillant Gaulois et en bon
Français.

CHAPITRE II

L'ESPRIT DE L'ŒUVRE

Pour peu qu'on y réfléchisse, à la condition pourtant d'être prévenu à juste escient sur ce point de nos traditions particulières, il est assez simple de saisir le sens que prend la race dans l'innéité géniale de Balzac. .

La race celtique, chez nous, car elle a en outre un assez large développement au dehors, constitue cette partie de la population française de l'Ouest. Elle habite entre la Seine et la Loire, d'un côté, depuis l'Auvergne jusqu'au fond de la Bretagne de l'autre.

Cette portion du territoire national est le point de résistance de la France, c'est là qu'est notre refuge, c'est là que se garde l'âme du pays, que se cache le principe immortel de la vie française aux époques critiques de notre histoire.

Le génie de la race représente, chez Balzac, le terme capital pour la compréhension de sa manifestation et de sa destinée. C'est à cette source que remonte la verve de cet inépuisable conteur. C'est de là que filtre et découle l'esprit de l'œuvre qui anime toute la Comédie humaine de sa plus irrésistible poussée.

Si l'on considérait Balzac comme un esprit indistinct en tant que race, vague comme tendances, indéterminé comme but, on prendrait la plus fausse idée de cette physionomie saisissante. Ainsi est-il advenu aux critiques superficiels de la France et de l'étranger.

Laissons, pour l'instant, la Gaule, à son idéal suprême, à son action héroïque, à son histoire séculaire. En jugeant Balzac, on ne saurait, même un instant, ne point s'occuper de la France en tant que pays politique néanmoins insérant le temps présent dans la trame de ses velléités et de ses agissements.

Pour juger Balzac, au plus droit sens de son originalité spéciale, il suffit de le considérer en tant qu'il soit émergé du sein de sa race propre. Sur le territoire de cette partie circonscrite il ne se rallie que mieux en son âme et son cœur, pour l'esprit de l'œuvre, à cette patrie plus grande qui se nomme la France laquelle vise parfois à embrasser, de son étreinte, l'universelle patrie en l'humanité.

A la race, Balzac a pris toute la saveur de son génie ; à Paris, il a emprunté sa vigueur ; à la France, il a demandé l'idéal ; à l'humanité, il a rattaché toutes ses aspirations.

Jamais Balzac ne fut littérateur de métier ; il ne travaillait ni au mot, ni à la ligne. En l'esprit de l'œuvre, chez lui, on sent la communion avec la pensée profonde, avec l'organisation vraie, avec la vie entière, à la façon des Celtes qui, par nature, ne sont ni avares, ni fanatiques, bien qu'ils aient le goût de l'épargne et sachent tenir, à l'occasion, le haut bout du sacrifice et du dévouement.

Balzac apparut chez nous à une époque hybride, fausse et hypocrite : la Restauration, phase du composite et du compromis, en laquelle la France s'endormit parce qu'elle avait besoin de se reposer.

Le composite répugne absolument à l'esprit entier, primesautier, à l'esprit total qui vise à l'œuvre de l'harmonique et du complet. La Celtique a l'horreur du détail, de l'hybride. Elle aime ce qui est franc, loyal, sincère; c'est à elle surtout que Balzac doit sa puissance et sa force dans l'ordre de ces sentiments-là.

En effet, qu'on le veuille bien remarquer, Balzac, par sa naissance légale, représentait un être entaché de quelque hybridité originelle. Son père se piquait de certaine tendance nobiliaire, lui-même crut devoir en tenir compte.

Dans sa famille, on était imbu de traditions religieuses. Balzac, qui ne s'est jamais occupé de recherches cultuelles et sacramentaires, s'en tint à la foi des siens. N'ayant aucune préoccupation politique ou religieuse, parce qu'il croyait que tout était fait sur ce terrain, il demeura nativement royaliste et catholique, ce qui n'ôta rien à sa décision libre pour l'esprit de l'œuvre qu'il conçut sans entrave et qu'il accomplit sans restriction.

Le génie de Balzac est primesautier, il a mis dehors tout le naturel de son innéité la plus profonde, l'hybridité originelle fut noyée dans l'océan insondable de l'inconscience et de l'inspiration.

Ce qui marque Balzac du signe le plus étrange, c'est son inconscience colossale.

L'homme, en lui, s'imagine être un noble royaliste

et un catholique sincère, et voilà que le génie le transforme en littérateur émérite, soulevant à pleine tête et à bras tendus une œuvre gigantesque, d'envergure immense.

Quand il s'essayait à exposer le principe en vertu duquel il était censé élaborer son œuvre, on s'apercevait sans peine de tout ce qu'il y avait d'enfantin dans ce naïf exposé de système et de théorie.

Un jour, il disait à un sien ami : « Mon cher, rien n'est plus aisé à faire qu'un roman, et sur le même plan on en peut élucubrer tant que l'on veut. Au fond, il n'y a que deux romans au monde.

« Premier roman : le jeune homme demande une demoiselle en mariage ; les parents la lui refusent ; le jeune homme se brûle la cervelle.

« Second roman : la jeune fille aime un jeune homme, refus des parents de la marier, la jeune fille meurt de désespoir. »

Qu'on le veuille bien croire, cette esthétique, toute cochinchinoise, n'a jamais été la sienne. Balzac n'a jamais fait œuvre de genre, de fantaisie ; il a produit une œuvre à l'esprit énorme, il l'a portée dans sa tête et déposée dans ses livres ; la France en vivra toujours.

On n'en a pas moins qualifié Balzac de romancier. Erreur ! Le Celte de Touraine est un oracle, une pythonisse qui vaticine sur le trépied social. Le monde, la société, la civilisation, lui apparaissent d'abord comme dans un rêve, dans l'azur du ciel, dans les perspectives de l'infini.

Si nous avons le bonheur de posséder cette œuvre, c'est que Balzac, par la nature même de ses obligations sociales, a été contraint de la faire.

Assurément la contrainte n'est pas le génie, mais l'esprit, en l'œuvre, n'en est pas moins réveillé par elle. La grande lutte est là.

Le génie rêve dans la vie ; en nous il y a le rêve et la vie, ainsi que l'a écrit Gérard de Nerval. La conséquence c'est souvent l'impuissance, parfois le suicide. Quel écueil pour un esprit d'homme que de rêver sans pouvoir lutter ! Alors on succombe et l'on est perdu.

Ainsi il advient aux Orientaux qui aiment mieux disparaître dans l'immensité du vide que de se restreindre aux lignes éprouvantes de la plénitude dans le contrôle et l'agissement.

Fatalité indicible du génie ! Combien de grands hommes avortés ou méconnus ! Et voilà des esprits de valeur seconde qui, mis à l'abri de ces angoisses préjudiciables, se donnent licence de juger, en toute quiétude béate, ces géants de la pensée et de l'idéal. Pygmées blasphémateurs, ces aristarques de virtuosité fantaisiste, ne sentent pas qu'on se devrait mettre à genoux devant tout grand homme qui s'en va, avant l'heure, sans nous dire pourquoi il est parti.

Quel malheur irréparable si, poussé aux dernières limites de sa résistance physique et morale, notre immortel Balzac se fût suicidé. Mais non ! le triple sens de la bonne humeur, de l'honneur et de l'énergie ont éloigné de sa main, de son cœur et de sa tête cette lugubre catastrophe.

L'esprit de l'œuvre l'a soutenu jusqu'au bout pour notre édification et pour sa gloire.

Et puis il songeait à l'avenir éternel de la France, envers elle il ne voulait se dérober à aucun de ses devoirs.

Balzac s'est astreint lui-même à la littérature forcée, au labeur continuel, pour faire honneur à sa signature, comme un simple bourgeois de probité.

Les efforts qu'il a faits pour se libérer de ce qu'il devait, ont été les assises inébranlables de son triomphe : ce forçat de la dette a usé sa chaîne et toute entrave a été enlevée à son génie.

Balzac avait le sentiment de la grandeur uni au désir de la richesse. Dès le début de son existence aléatoire, il fut refoulé en lui-même par le contre-coup répété d'entreprises difficiles et non réussies. L'esprit de l'œuvre qui s'incubait en lui se raffermit sous la contrainte inexorable de la dette. Balzac fut petit de richesse, mais son essence intime augmenta sans cesse et de vertu virile et de valeur.

La postérité en a fait son profit; la France, en éveil, lui paiera un jour ce qui lui est dû, et tous les bons Français souscriront à la statue qu'il a si bien méritée.

Le génie de Balzac conduit l'esprit de l'œuvre tout entière, œuvre complètement en dehors de la réalité courante, bien qu'elle semble l'enserrer dans ses plus vastes et ses plus humbles compartiments.

Qui oserait soutenir que la raison seule a présidé toujours à cette œuvre rare pour la régir et la commander ?

Il semblerait alors que cette raison maîtresse eût dû lancer Balzac dans le plus vif courant de l'opinion commune, pour le mettre au service unique des besoins ou des caprices de ses contemporains.

Eh bien, non! Balzac, de son propre mouvement d'impulsion et d'inconscience, a remonté sans relâche le courant, énervant pour lui, de la commune opinion. Il se dresse à l'encontre de toutes les exigences capricieuses ou fantaisistes. Il ne sert aucune passion. Il rêve éveillé durant toute sa vie, et c'est ce rêve qui nous a valu la création de ces mondes qui nous séduisent et nous étonnent tout à la fois.

Balzac, lorsqu'il a commencé son œuvre, l'a vue toute d'un bloc, à vol d'oiseau. Son esprit qui se détachait de toute chose avec une facilité extrême, a tout deviné d'en haut et a tout réincarné ici-bas. Grandeur, richesses pour lui, ce sont des incarnations qu'il réalise, ce sont langes de soie et d'or dont il se complaît à envelopper providentiellement ses nouveau-nés.

Quand un enfant naît dans la famille, que de soins, de prévoyances pour sa layette, pour disposer son berceau. Il semble que cette âme d'enfant flotte encore dans les limbes de l'espérance et on l'invite, par les plus attentives prévenances, à vouloir bien se fixer au foyer.

L'enfant arrive et, peu à peu, il cherche à se reconnaître, il regarde d'un œil terne tant de préparatifs qu'on s'est complu à parfaire pour lui seul. C'est qu'au fond la grande préoccupation de l'enfant, c'est de ne se point laisser garrotter aux lisières asservissantes de la vie. Il paraît n'être attaché à la terre que par contrainte, il n'y semble rester qu'à regret, il veut partir! Poésie charmante, mais dangereuse pour le pauvre petit.

Balzac, aussi, avait, pour les enfants de sa pensée et pour lui-même, besoin du nid, de la caresse, de cette sorte d'arome balsamique qui sent les effluves vivifiantes de la terre.

Il avait besoin d'un cœur pour le retenir et il a mis tout le sien dans son œuvre qu'il a léguée à notre plus sympathique admiration, pour le plus direct rehaussement de la France.

Balzac avait-il un sens net et précis de la vie? Assurément non! Les gens qui s'imaginent enserrer et définir exactement la vie sont fous; or, fou, Balzac ne le fut aucunement.

Il a saisi l'esprit de l'œuvre dans son ensemble, et chaque point de cette œuvre il l'a relevé dans la perfection. Il a entrevu la vie comme en une sorte de mirage, et c'est surtout la vie sociale qu'il s'est complu à évoquer et à fixer dans son incessant et formidable labeur.

Balzac, en son œuvre, est plus qu'un littérateur ordinaire. Il s'est constitué l'historien pur et simple de ce naturisme superfin qu'on appelle : l'ordre social.

Chemin faisant, il a découvert un naturisme plus finement élégant dont s'enveloppe la société d'assise et il s'est complu à manier, de ses doigts souples et nerveux à la fois, cette trame de délicate dentelle où sont brodées les si singulières arabesques de la civilisation.

Entre la société et la civilisation, Balzac, du souffle puissant de son esprit créateur, a soulevé et fait onduler les mondes, le ciel et les firmaments. La *Comédie humaine* est un de ces mondes qu'il a fait descendre du ciel et du firmament dans les profondeurs de sa tête magistrale. Ce monde, il l'a incarné et, pour ainsi dire, acclimaté dans son œuvre; monde exact, d'ailleurs, et si conforme à la réalité, qu'il épouvante, par sa précision et sa grandeur, les esprits vulgaires qui ne savent pas d'où il vient.

Balzac sentait profondément que les mondes viennent de l'infini et il n'a eu qu'à suivre son génie d'inspiration pour aller, au plus haut, en relever la trace.

Balzac n'a pas donné de solution au problème social. Il n'a attaché aucune signifiance particulière aux efflorescences de la civilisation. Il n'a fait ni politique, ni religion. Il n'a indiqué aucun nouveau procédé de travail ou d'usinage. Il a passé sur notre terre comme un puissant voyant d'éternité.

Il a posé, pour nous, les rattaches des plus souveraines visions de l'infini. Après les avoir mises à leur place, il s'est recueilli, il a croisé les bras et il est mort.

Balzac n'a pas laissé de trace à suivre. Il a voué son existence à la création d'une œuvre qu'il est bon de consulter sans cesse, quand on a assez de hauteur d'esprit pour la comprendre et assez de trempe de volonté pour la subir; car on subit toujours Balzac dans l'intensité de ses poignances ou les profondeurs de ses révélations.

C'est qu'il plane au-dessus de sa France chérie pour la glorifier au delà de l'immensité.

Ceux qui voudront se mesurer avec l'esprit de Balzac en son œuvre sentiront, de prime abord, qu'il s'agit d'un poids lourd à soulever. Qu'ils se courbent avec vigueur, qu'ils interrogent avec fermeté et ils arriveront, en récompense, à pénétrer, en plein dégagement de force et de liberté, les sphynx et les énigmes qui se jouent ou se masquent dans les décors de la titanesque comédie.

Balzac a légué, à ceux qui traversent le temps présent, le souci de penser. A ce titre il demeurera un trait d'union et un lien d'activité à travers les futures générations qui se suivront sur le sol de la France de mieux en mieux approprié pour l'y recevoir.

Si Balzac n'a pas posé de solution, il n'en a pas moins laissé le plus profitable témoignage. La vie lui est apparue passant, à l'horizon, à vol d'oiseau. Il a saisi l'oiseau, lui a replié les ailes, il l'a examiné de près, sans le mettre en cage, il l'a fait marcher devant lui sur la terre, et lui a laissé reprendre son vol à l'horizon de la liberté.

On s'imagine assez généralement que Balzac est un perdeur de temps, un museur, un oisif, un improducteur. Les graves économistes de l'aunage et de la balance le condamnent d'un seul mot : « Il ne se vend pas. »

En ce premier point, les augures de la comptabilité par doit et avoir, se méprennent étrangement, car ce produit continue à se vendre en librairie.

Ces aréopagites de l'offre et de la demande ne se tiennent point en incompétence judiciaire de ce chef. Balzac, opinent-ils de leur bonnet doctoral et d'un balancement de leur hermine à l'épaule, n'est pas dans le courant commercial du jour. Pourquoi s'en occuper, quand on a tant à faire et à si bien faire?

Et puis, qu'il est long! qu'il est lourd! clament ces Minos à la courte haleine et ces Rhadamante à la tête légère. Qu'est-ce que ça rapporte de l'avoir lu?

Passe encore qu'on l'achète, risque un Bridoison formaliste, qu'on l'achète en silence, qu'on le fasse relier avec discrétion, qu'on le mette, sans ostentation et par simple acquit de convenance, en un arrière-rayon de bibliothèque, mais, pour Dieu, qu'on se garde de le lire! La domesticité même n'en voudrait pas!

Que tous ces producteurs de stérilités, que tous ces basochiens comptables, que Balzac a marqués du fer rouge de leur chiourme ineffaçable, ne le lisent pas, on ne saurait qu'en bénir le ciel.

Les intelligences avisées garderont Balzac à culture et à réserve. Quant à ces contempteurs, lorsqu'ils seront suffisamment desséchés dans les tiroirs de la matière étiquetée et ayant cours, on leur pourra demander en droite conscience : « Messieurs, que valez-vous, que représentez-vous sur le terrain des destinées supérieures? A vue de nuée, vous n'êtes qu'une poussière; à vue de soleil, vous êtes un bloc. De poussière à bloc, il y a le mouvement en moins. Demeurez donc dans le tourbillon de néant qui vous agite et vous emporte, ou restez sépulcres blanchis où l'on dépose les ossements sans valeur de ceux qui ne vivront point. »

Balzac n'eut jamais souci d'ombres pareilles ou de fantômes semblables. Il a tout mis en relief pour ceux qui savent mesurer, à la fois, les résistances et les contours. A ce titre, Balzac est une sorte de cariatide qui supporte le fronton du Panthéon de la France.

Il ne fut ni botaniste, ni physiologiste, ni horticulteur, il ne se fit pas économiste et on ne le fit point académicien. Improductif il fut, au sens des prudhommes, du comptoir et des gogos de la Bourse. Il se dressa à lui-même le piédestal de ses solides ouvrages. Il braqua, de cette hauteur qu'il s'était acquise, sa lunette d'observateur sur le ciel social et sur le firmament de la civilisation.

Il mit en convergence, en une sorte de lentille magique, tout le scintillement de l'infini. Il nous a transmis ce fulgurant faisceau de lumière astrale qui ne l'aveugla jamais et dont nous avons loisir de nous éclairer sans effort. De ce côté, Balzac est le phare lumineux de la France.

Quand Balzac sortit de notre monde, ce fut grand étonnement pour ceux qui le connaissaient et l'avaient su cordialement apprécier.

Ne plus voir cet homme singulier, cela paraissait étrange; ce départ semblait une disparition et comme un évanouissement. On eût dit d'un Génie passager, fugace qui était venu visiter les hommes par hasard, uniquement pour se souvenir d'eux, consonnant qu'il était à d'autres idées, communiant avec d'autres mondes.

Pourquoi s'était-on fait cette idée sur Balzac? Simplement parce que les gens raisonnables ne le comprenaient aucunement, et que la France l'avait engendré comme le sphynx de son éternelle énigme.

Balzac, d'ordinaire, se renfermait chez lui. Le jour, il lui fallait correspondre aux nécessités inévitables de la vie : créanciers à satisfaire ou à éconduire, épreuves d'imprimerie à corriger, amis à recevoir et à entretenir de causerie distrayante ou fastidieuse.

Puis il y avait les critiques à éviter ou à subir. Il existait en effet, pour ce temps-là, des critiques non moins éprouvants que ceux dont le temps présent est gratifié. Jadis ils étaient plus en bloc, aujourd'hui ils sont plus en poussière; le bloc écrase, la poussière aveugle : libre à chacun de choisir à son gré. La France a produit indifféremment de ce chef les moustiques et les moucherons.

Ayant à pourvoir à tous ces menus soins pendant le jour, Balzac se réservait la nuit pour travailler.

Quel insensé! clamaient les raisonnables. Vit-on jamais plus singulier emploi du temps!

Passer la nuit peut être occupation charmante pour qui se laisse aller au cours de cette vie artificielle qui distingue les gens du bel air, d'avec la commune humanité.

Balzac se distinguait du commun qui dort et de la bonne compagnie qui veille. Il employait sa nuit au travail; sa production semblait sortir des ténèbres et l'illuminer comme en plein jour.

Quand il allait aux Jardies, en sa maison de villégiature juxta-parisienne, quand il se risquait à quelque retour en Touraine ou à quelque fugue dans l'Angoumois, pour se rapprocher de sa Celtique bien-aimée, Balzac ne se montrait ni gênant, ni maussade. Il n'était point de ces gens qui semblent porter un monde. Quand il recélait un monde, au plus profond de son être, il avait la pudeur de s'en cacher.

Quand il éprouvait le besoin de se recueillir, il le faisait en lui-même et à lui seul, dans une sorte de mentalité abstraite. Il semblait qu'il communiât avec le principe de fécondation suprême et qu'il n'eût qu'à s'ouvrir et à se laisser pénétrer.

Le plus souvent, cette opération de sur-disponibilité spirituelle il l'accomplissait la nuit. A cette fin, il s'entourait de luminaires nombreux.

Ayant besoin de travailler, il ne devait pas dormir. Pour se maintenir en activité de veille, il prenait une forte dose de café.

S'éclairer *a giorno* la nuit, s'abreuver de café sans mesure, c'était, aux yeux des raisonnables, se marquer, sans vergogne, du double caractère de l'originalité et de la bizarrerie. C'était à devenir légendaire; et chacun de préparer la légende au gré de l'imagination et du bon plaisir.

Non seulement Balzac s'illuminait la nuit et se réconfortait de café, mais, de plus, avec une intuition admirable des besoins de sa race, il s'était donné, pour la journée, une hygiène parfaitement entendue. Il mangeait des légumes, il aimait les fruits et s'entretenait la santé avec un régime à la fois tonique et rafraîchissant qui fait l'esprit clair et le cœur droit.

Ainsi, heure par heure, nuit par nuit, année par

année, sans jamais perdre le fil de conduite en l'esprit de l'œuvre, le créateur de la *Comédie humaine* a pu parcourir le cycle ininterrompu de son total accomplissement où rien ne demeurait inachevé.

Balzac avait conçu tout un ensemble de scènes de la vie militaire. Il avait recueilli l'assourdissant écho des fracas de la guerre. Il avait passé sa première jeunesse au milieu de ce diorama du matamorisme impérial. Il avait dressé de tout cet héroïsme de passage un plan qu'il devait encadrer dans son œuvre. La mort a emporté, de son souffle glacé, l'esquisse et le dessin.

Balzac n'avait pas à se faire le chantre des batailles au cliquetis des glaives et des ossuaires, il restera le sublime visionnaire de la vie. En le haut avenir de la France il n'entrevoyait que la mansuétude, la concorde et la paix.

Balzac a senti qu'au-dessus de sa tête roule un infini sans arrêt et sans borne. Son esprit de Celte, à inspirations indéterminées, s'est jeté à l'aventure au milieu des nébuleuses translucides de cet infini ; il y communie et il en rêve.

Il sent qu'on est sorti de quelque chose, qu'on tient à quelque chose. On passe ici-bas ; mais à l'heure prescrite, il faut s'en aller. Dès lors la vie lui apparaît dans un autre ordre de développement, il entrevoit la mort et ne sait si c'est un retour ou un reflux. La souveraine éternité de la France le rassure.

Ce n'est pas le vague ou lourd panthéisme qui hante son intelligence librement lumineuse, c'est la plénitude harmonique de Dieu qu'il saisit et qu'il écoute. Comme il consonne au *Cogito* de Descartes, il s'arrête pour s'interroger et approfondir.

Balzac s'est alors aperçu que ce qu'on découvre tout d'abord, au contact de la terre, ce sont les lieux.

Marchant aussitôt à l'inverse de sa disquisition première, il a relevé les lieux, avant d'apprécier le jour, comme il avait découvert l'infini avant d'avoir rencontré la Forme. Dès lors il touchait à l'assolement, il prit souci du territoire et des localités.

D'une même voix, les gens raisonnables, les littérateurs de la quintessence, le temps présent y joindrait les *deliquescents*, tous les poitrinaires des feuilles qui tombent se sont écriés : « Balzac est un réaliste, un destructeur de l'idéal, le contempteur de la poésie; il regarde à la loupe le moindre détail. Honni soit-il, au nom de la grande synthèse qu'il méconnaît et à laquelle il empêche qu'on ne s'élève! Conspuons Balzac, il est le déshonneur de la France!

Eunuques impuissants du sérail qu'ils gardent, les malheureux étaient incapables de toute pénétration fécondatrice. Si Balzac relève des détails, ce n'est pas pour l'amour du détail; il peint des lieux et fixe des gisements parce qu'ils servent d'habitacles. Le territoire existe avant la nation.

Le lieu une fois fait, force est bien qu'on l'occupe. Dieu crée de rien mais non pour rien. Aussi Balzac s'empresse-t-il d'évoquer la vie dès qu'il a installé ses continents. Alors peuvent s'animer les types et circuler les mondes, en l'esprit de l'œuvre, à l'appel de Balzac qui ne se reposa qu'en son ultième jour.

L'écrivain ne saurait faire autre chose. La littérature n'est pas la réalité, bien qu'elle doive être la réalisation.

On imagine parfois la réalité comme une chose fixe, géométrique, mécanique qui se mesure, s'étend et se toise. On oublie qu'en cette conception l'on touche à peine au plan par terre de la réalité.

Si l'on n'observe que le plan, si l'on n'a souci que des attaches, comment s'élever jusqu'à l'essence? Si l'on n'a en vue que le lieu de fixité, comment arriver à l'idée et au jeu de la transaction?

Balzac pose d'abord ses mers, il instaure ses continents; puis, sans plus tarder, il fait apparaître l'homme. Ainsi de la race on fait un peuple, de la Celtique gauloise on fait sortir la France d'à présent.

Balzac se garde de procéder comme Jean-Jacques Rousseau, dans son *Contrat social*; comme Raynal, dans sa *Conquête des deux Indes*; à la façon de Tacite, dans son *Étude sur les Germains*. Il ne va pas chercher des sauvages et des barbares de convention pour l'antiphrase argumentaire; ce sont bien de véritables hommes sociaux et civilisés qui souffrent et vivent dans leur tout naturel et habituel agissement. Ce sont des Français de la France qu'il met en jeu et en interprétation.

Balzac introduit en sa *Comédie humaine* l'homme social et l'homme civilisé, qui ne sont ni de même nature, ni de même type. Il y a dans les mondes qu'il évoque, qu'il présente, des civilisés et du social. Pour lui, la nature brute ou brutale n'est qu'un cadre ; la réalité grossière n'est qu'une nécessité de contraste et d'accompagnement. Dès que la société est constituée, dès que la civilisation s'épanouit, l'homme y entre et s'y engage d'une manière vitale, avec ses instincts, ses passions, avec son inexorabilité d'impulsion, sous les contraintes que tout lui fait subir, et avec toutes celles au-devant desquelles il va.

La liberté, dont on parle ou dont on argue, qu'est-ce dans l'être humain, sinon le principe majeur de la poussée en avant, et de contrainte en même temps par la rencontre ou le choc des vouloirs ? Lorsqu'on se risque hors des lignes dans lesquelles on est constitutivement protégé, malheur à qui s'écarte et faiblit !

Balzac n'a pas eu la prétention de faire des hommes libres. Il s'est borné à mettre en montre la liberté des hommes, les laissant aller de l'avant-garde ou de la réserve, suivant les circonstances, le caractère ou le tempérament, mais toujours à leur bonne ou mauvaise fortune, à leurs risques et périls.

Sur ce fait, l'on a déclaré Balzac immoral ! Jugement d'une platitude par trop béotienne ! Balzac, évoquant l'homme social et l'homme civilisé, les a peints dans toutes les attitudes qu'ils se donnent ou qu'ils s'imposent. Est-il législateur pour leur décréter telle posture à prendre ou à garder ?

Est-il la maréchaussée pour leur défendre tel ou tel geste, ou les réprimer dans tel ou tel élan plus ou moins malencontreux ?

Balzac n'est chargé que de voir clair ; il voit clair, cela suffit amplement pour le justifier. Après avoir communié avec l'en-haut, il redescend au plan des hommes sociaux et civilisés. De ce chef, il devient naturaliste observateur. Il ne fait point d'expériences; il ne gouverne rien, il n'administre et ne régit personne.

Montrant scrupuleusement comme tout fonctionne, il demeure absolument irresponsable, on ne le saurait accuser de quoi que ce soit. La France lui avait donné charge de la tenir en éveil, il lui a fait ses contes des *Mille et une nuits*.

Le conteur est un physiologiste moral d'une perspicacité rare. Il fait voir les hommes flottant en certains types à travers certains mondes, dans la société et dans la civilisation, sous la gouverne et surveillance des Pouvoirs.

Il ne lui était pas donné d'apercevoir nettement comment on se distingue de l'infini tout en y demeurant rattaché.

Certes, la société et l'individu, l'institution qui reste et l'agent qui passe, ont des comptes à rendre. Parfois tous les deux s'accordent, le plus souvent l'un ou l'autre se contrarie; mais, à heure donnée, l'individualité sociale ou civilisée doit mourir.

Les individus se suivent et se remplacent ici-bas. La société permane, les civilisations se succèdent. Ce sont là problèmes de religion et de politique, Balzac n'avait nul propos de les résoudre ou de les mettre en équation, mais il ne méconnaissait aucun de leurs éléments.

Ce qu'il a envisagé, c'est le monde social et le

fonctionnement de la civilisation. Il a reconnu que l'homme est une liberté, partant une puissance qui va jusqu'au moment où on l'arrête, à moins qu'elle ne s'arrête d'elle-même.

L'empire suprême de l'homme sur lui-même, c'est de se pouvoir arrêter là où il le juge de sa convenance, sûr d'ailleurs qu'il est de se trouver arrêté par une force ou une contingence plus ou moins adventice, s'il ne met un frein lui-même à son propre emportement.

Balzac a-t-il présenté le monde comme parfaitement régulier? Assurément non! Il y voit introduire l'antagonisme, le choc, l'amour. Il trouve la femme vis-à-vis de l'homme, la femme également sociale et civilisée. Il montre de quelles façons ces deux êtres, ces deux puissances, à la fois génériques et spéciales, se tirent de cette mise en présence aussi inévitable qu'obligée.

C'est là ce qu'il a peint par-dessus tout. En cette occurrence il s'est demandé comment ces gens-là arrivaient à leurs fins, à leur satisfaction. En la conformité de l'esprit inéluctable de l'œuvre, il a montré, en ses ouvrages successifs, que le résultat cherché dépendait de l'engagement des destinées, et des obstacles qu'on avait à subir le long du chemin.

Par la sembleu! ont clamé les Géronte du talon rouge et de la poudre de riz, ce croquant de Balzac n'est pas consolant!

Eh! chers vidames de la sainte ampoule, nobles douairières aux pamoisons d'antan, comment vouliez-vous que ce trottin de plumitif vous fût à bercement et à consolation? L'optimisme n'est qu'une illusion dans le rose comme le pessimisme n'est qu'une aberration dans le noir.

Quand il y a consonnance des âmes et concordance des esprits en des attractions affectueuses et de devoirs respectifs, on peut espérer consolation réciproque. Nul littérateur n'a à intervenir pour constater ou confirmer le bonheur et encore moins pour le déterminer et l'accomplir.

Balzac a la moelle du lion, il est la nourriture des forts. Il avait communion aux virtualités puissantes; il faut, pour le lire avec fruit, être doué de l'énergie qui convient. On ne prend pas Balzac pour s'amuser, mais bien pour s'instruire, pour se conduire ou tout au moins pour s'interroger.

Qu'on s'engage ensuite au champ de l'exact, dans ce monde si complexe que chacun croit connaître, où tout est supposé si facile et où tout se montre le plus communément de rigidité et de douleur, l'on reconnaîtra que Balzac est un bon guide et l'indicateur le plus précieux.

Les cadres sont établis d'avance; aussi que la passion gronde et l'on s'imagine qu'elle a tort d'entrer en jeu. Pourtant elle ne s'évanouit point par cela seul qu'on lui reproche de se manifester avec éclat. A nous de l'éviter ou de la dompter, en la mesure de notre force d'inertie ou de résistance, il ne reste qu'à la subir si, vis-à-vis d'elle, on manque de caractère ou de tempérament.

C'est la lutte angoisseuse et poignante, mais le combat ici n'est point de littérature, il est bien de vitalité. Balzac a marqué comment les chaînes de la destinée se tendent ou s'enchevêtrent, c'était le drame de la comédie humaine et non plus seulement la vie à vol d'oiseau.

Le devoir est loin d'être toujours de satisfaction présente ; si, bien souvent, il réchauffe, parfois aussi il a ses glaces et ses frimas. Tel s'y ranime quand tel autre y étouffe. L'esprit de l'œuvre, dans Balzac, admet toutes les températures et brave toutes les intempéries.

CHAPITRE III

LES TYPES

Quand on a indiqué, pour Balzac, son origine, son esprit d'inspiration propre et les tendances de son sentiment de race celtique ; lorsqu'on a saisi le caractère particulier de sa physionomie ; quand on s'est pénétré du sens des principes vitaux, intellectuels et psychiques qui l'animaient, il reste à le mettre en présence des mondes qu'il a observés pour bien juger des types qu'il a évoqués au coup de baguette magique de son génie.

Balzac, il est facile de s'en convaincre, en sa qualité de Celte, se trouvait gratifié du double don de la conception et de la mise en réalisation corrélative au concept. S'il s'élève au-dessus du Réel apparent pour entrer en communion des principes supérieurs auxquels sa grande âme de Celte consonne, c'est sous réserve de redescendre sur terre au plus droit sens de la conscience française avide à la fois de grandeur et de réalité.

Balzac, bien qu'il se sente, à bien des points de vue, précurseur impressionnel et fatidique du temps présent, n'est ni un philosophe ni un logicien ; au fond c'est un poète, un créateur, à la fois idéal et positif.

Pour la mise en branle des vastes accomplissements de la *Comédie humaine*, il s'est donné un cadre universel. Il a fait défiler le panorama colossal de mondes énormes. Il s'est mis à insérer, dans ses lignes dessinées en traits fermes bien que de proportions gigantesques, les types à la fois les plus communs et les plus étranges, les moins soupçonnés et les plus singulièrement inattendus.

Les types, pour Balzac, sont des physionomies spéciales, des caractères frappés du cachet de l'originalité la plus surprenante. Ces types, il les place dans leurs compartiments respectifs, il leur fait jouer des rôles appropriés à leur signification ou à leur portée. Grâce à leur mise en scène habile, à leur attitude précise de fonctionnement et de rendu, les types, sous la main de Balzac qui les dirige, prennent consistance, toujours concordants avec la détermination de leurs motifs et de leurs actions.

Par la multiplicité des types, la *Comédie humaine*, saisie aux plus vives arêtes de la société contemporaine, touche à tous les plans sociaux et relève toutes les tendances de la civilisation. La touche du maître étale les grandes teintes pour arriver aux nuances les plus fines. Chaque type fournit sa part d'ombre ou de lumière au tableau.

Balzac est avant tout du temps présent. C'est un moderne dans la plus large acception. Libéré des Grecs et des Romains, en son instinct infaillible de Celte, il demeure Français sans se subordonner en quoi que ce soit à la tradition classique de l'antiquité morte, de la renaissance illusoire et de nos académies de fausses et détournantes conventions.

Il n'évoque pas le passé des cryptes sépulcrales

qui menacent de nous servir de tombe avant l'heure, il semble, au premier abord, avoir un assez médiocre souci de l'avenir qui lui paraît recéler plus de mort pour nous-mêmes qu'il n'assure de vie pour la bercelonnette imaginaire de nos successeurs.

Néanmoins, Balzac le pressent, dans une sorte de vue prophétique involontaire, il s'opère une grande transformation dans la société du temps présent. Il en prend son parti parce que, au fond, il est sincère et véridique. Il ne s'interpose point en messie sauveur, mais il demeure, en son stoïcisme de bonne humeur, l'interprète impartial de ce qui se passe et de ce qui peut advenir.

Personnellement et par grâce d'en haut, il se croit en dehors ou au-dessus de la crise. Il n'en va pas moins de l'avant, avec une bravoure toute gauloise. Il s'entourbillonne sans peur au vent de la tourmente. Il ne craint pas que le ciel lui tombe sur la tête parce qu'il sait que la terre de France maintient à la fois les assises et les hauteurs.

Royaliste et catholique, Balzac appartenait, à double titre, à cette moyenne de la société de son temps qui croyait qu'on allait faire accommodement entre la révolution française et le monde d'autrefois.

Balzac se contentait de cette situation dans le cours de son existence ordinaire, mais non dans la poussée exubérante de sa vie de poète, de travailleur, d'écrivain. Sur ce champ tout différent de celui que semblait lui avoir sillonné sa destinée habituelle, il suivait de tout autres lois de concept et d'application.

Dans son entendement le plus intime, il avait pénétration inéluctable que la Révolution, l'empire, que les guerres titanesques de cette époque, que les mouvements de ces grandes masses humaines, en choc de batailles et en heurt de massacres, avaient, mis à dégagement préparatoire, une sorte de puissance singulière et formidable qu'on n'avait point mesurée jusque-là.

. Pour Balzac, l'inspiré de conscience, l'improvisateur à la large envergure, il y avait là des types à mettre en saillie, des mondes à établir en relief. Ouvrier patient et tenace en son chantier d'équarisseur des bois abattus dans les hautes futaies de la mise en coupe de la forêt sociale, il sondait, au fil de sa cognée de bonne trempe, tous ces matériaux couchés dans les taillis ou épars aux clairières.

Que de madriers solides pour sa charpente, que de planches utilisables pour les portants de son architecture, pour les cloisonnements de son édifice de plus tard !

Aussi, avec quelle vigueur de pensée, avec quelle décision de volonté inébranlable cet Hiram du grand temple de l'observation sociale et de la judiciaire civilisée, soulève ses types et amoncèle ses mondes, à la pesée de son levier artificiellement industrieux qui lui fournit équilibre vis-à-vis de cette force énorme qu'il voyait s'arc-bouter et se mettre à projection de toutes parts.

Balzac a observé le monde de la Révolution qui l'enveloppait de son ombre et il a supposé, en éclaircie, le monde qui allait en sortir. C'est en lui-même qu'il a pris son point d'appui ; mais il a, en sentiment suprême, la nette équilibration de ces deux grandes figures en présence : d'une part, le monde qu'il avait observé; de l'autre, celui qu'il prévoyait et qu'il regardait monter à son horizon.

Balzac se trouvait, à la fois, circonscrit et resserré dans les lignes et sous la pression entre deux empires opposés bien que coïncidents : 1° l'empire militaire tel que l'avaient fait Napoléon et les Français de son temps, tel que l'ont repris, sur le même modèle, Bismarck et les Allemands de nos jours; 2° l'empire économique tel que l'ont conçu les financiers de cette époque, et sur le patron où l'ont taillé et cousu nos juifs triomphateurs du temps présent.

Notre Tourangeau d'élite avait vu crouler le monde guerrier de Bonaparte et s'ébaucher le monde usurier de la finance. Il a dressé ses grands types en conséquence, tissus dans la double trame de son temps et d'un autre temps qui va venir. Aussi trouvons-nous, dans la *Comédie humaine*, des types qui sont finis et d'autres qui ne sont pas achevés.

Examinez l'œuvre unique sous cette angulaison à double ligne et vous verrez la toile de l'artiste incomparable s'illuminer de la plus renseignante clarté.

Balzac ne s'est pas préoccupé seulement des types d'action, il a scruté jusqu'aux moelles les types de passion et de sentiment.

Ce qui l'intéresse, ce qu'il étudie, ce qu'il tire au clair, c'est ce qui se trouve d'éternel dans l'homme et dans la femme.

Il peint toutes les profondeurs du sentiment paternel dans le *Père Goriot*.

Chez la femme, il interroge le sentiment sous tous ses aspects et en toutes ses formes. Nulle facette ne lui échappe, nul aspect ne se dérobe à son regard de sagace investigateur. Ainsi il a tenu dans sa main et soulevé, de son bras d'athlète littéraire, l'humanité d'un bloc, l'observant dans ce qu'elle recèle de plus terrible et de plus profond : le sentiment et la passion.

Ces types de passion, de sentiment, d'activité, Balzac se les est fait apparaître et il les a rendus d'expression sans la moindre réticence et sans le moindre détour.

Laissons de côté, pour le moment, les mondes. Occupons-nous, tout d'abord, des personnalités typiques, des caractères dans leur teneur particulière, dans leurs données, à la fois communes et différentielles.

Les types qui se meuvent sur la vaste scène où se joue la *Comédie humaine*, ont ce trait commun : ils sont tous dans l'ordre social, ils se meuvent tous plus ou moins, dans le cadre de la hiérarchie politique, sur les plans à la fois stables et mobiles de la civilisation.

Au temps de Balzac, les grands cadres sociaux s'étaient ouverts. Les castes étaient brisées, les rangs se trouvaient, par là même, quelque peu confondus. Certes, il restait encore bien des débris des grandeurs passées ; on trouvait encore quelques antiques hôtels de jadis, au faubourg Saint-Germain.

Quelques vieilles gens échappés, en tout honneur, du naufrage révolutionnaire remontaient, en souvenance, jusqu'au Régent et à Louis XV. Mais les temps du Roi-Soleil étaient en éclipse au-dessous de l'horizon. L'on ne rencontrait plus que dans les évocations archaïques les types, arrêtés comme au moyen âge, avec leur marque incrustée du sceau de la conquête et du droit de la force d'autrefois, au sens imprescriptible de leur valeur propre et de leurs allégations absolues.

Balzac essaie, à l'occasion, de recomposer ces types exhumés, pour ainsi dire, des siècles anté-révolutionnaires; mais s'il esquisse en quelques traits leur physionomie de naguère, il ne leur a point tracé de cadres appropriés pour s'y mouvoir ou s'y affirmer. Ainsi agit-il pour De Marsay, un de ses types les plus inexorables.

Les cadres étaient ouverts bien que d'assez difficile accès pour l'arrivant de simple poussée. Balzac, qui distinguait à merveille les éléments et les exigence du milieu qui l'entourait, se vit obligé d'accumuler autour de ces types, à la fois réels et symboliques, les conditions du double prestige de la grandeur et de la puissance.

Dans le champ trouble et kaléidoscopique de la *Comédie humaine*, tous les types se comportent dans la mise dehors de leur impulsion réfléchie et instinctive, à la façon de Vautrin qui ne doute de rien et qui va fatalement au bout de son entreprise, à risque, à bénéfice ou à destruction.

Ces types, qu'ils soient au bas ou qu'ils visent au haut de l'échelle sociale, au-dessous ou au dedans de la civilisation, compétitionnent la puissance et la grandeur financière ou politique.

La foule des types qui se coudoient ou se traversent aux chemins détournés ou découverts d'une activité incessante, a pour but d'acquérir l'influence qui permet d'arriver au faîte du pouvoir ou au terme culminant de la richesse et de la fortune.

Dans cette voie le désir est ardent, la lutte est vive. C'est un turf, pour ainsi dire, que Balzac s'est proposé d'ouvrir à toute galopade et au plus droit casse-cou.

En ce pourchas à perdre haleine, on conçoit que les gens font folle litière de leur conscience et s'occupent plutôt de leur sort que de leur destinée.

Balzac avait devant lui des gens d'instinct, de passion, de sentiment, d'ambition. Il a pris soin de concentrer en diverses physionomies ces instincts, ces sentiments, ces passions; il a fait jouer ces physionomies d'acteurs variés et composites les unes vis-à-vis des autres. Ainsi se sont créés les grands types en chacun desquels s'imprime et se déroule un rôle à la fois de tenue et d'indication.

Ces types qui s'agitent sont loin de parvenir tous au but final posé par leur caractère et pour leur accomplissement.

Les uns, au moment où ils se lancent dans la vie d'épreuve ou d'aventure, sont arrêtés court au premier pas de leur engagement dans la carrière. D'autres, pour parvenir, sont obligés de heurter, de frapper, de renverser ce qui se trouve sur leur route : de là bataille, tohu-bohu, mêlée, exécution sans merci ni trêve. Le dramaturge va sans cesse, on n'a qu'à le suivre pour s'instruire, la tragédie lugubre et sanglante ne l'arrêtera pas.

Le temps présent en est là encore pour ses chutes

et pour ses triomphes. L'on se pousse, l'on parvient l'on se renverse, on se dénigre ou l'on se déshonore. Le turf a ses banquettes irlandaises et ses fossés à pleine eau. Hip! hip! hurrah! pour le vainqueur d'aujourd'hui qui sera le désarçonné de demain.

Balzac, en sa chevauchée calme pour lui bien que macabre pour les autres, ne se presse en rien, quoiqu'il mette tout en vertige à son arrière. Parfois il s'attarde aux sentiments paisibles, honnêtes et tendres du cœur. Un instant il se complaît au contact de gens au caractère digne, et profondément désireux de réaliser le bien. Mais, tout aussitôt, la bataille recommence, les lutteurs se poursuivent, s'atteignent, se déchirent sur l'arène poussiéreuse ou sanglante où tourne cette meute aux appétits insatiables et sans frein. La société est en mouvement, la civilisation est en tempête.

Certes, les sentiments doux se manifestent, mais ils sont impitoyablement exterminés par la passion inexorable et cruelle, comme il arrive à Eugénie Grandet, victime de l'avarice paternelle, aux prises avec le sentiment d'une fille que nul ne saurait défendre et qui doit nécessairement succomber.

Venons maintenant au Père Goriot. Voilà, certes, un homme de sentiments délicats, honnêtes, respectables. C'est un vrai père, tel que l'ère moderne l'a conçu et produit. Ce n'est plus le père à la mode antique, implacable en son droit de haute et basse justice sur les siens. C'est le père débonnaire, au cœur probe et généreux ; le type, bien que rare, n'a pas encore complètement disparu du sein de notre humanité pervertie ou dévoyée.

Balzac a vu ce type, il le relève et il l'approuve. Il n'en faut pas moins que le drame social intervienne dans la personne de deux filles indignes.

Ces péronnelles de haut perchoir sont sans cœur, sans âme, sans pitié. Sans la moindre vergogne, elles usent leur père, l'épuisent, le rejettent et l'accusent. Le Père Goriot, sur son grabat, ne s'en écrie pas moins, sous l'inspiration toute humaine de Balzac : « N'y a-t-il donc pas de loi qui force des filles à venir voir mourir leur père ! »

C'est au même moment qu'apparaît Rastignac, appelé au Parvenir de la politique. Sans réserve, sans conscience, sans le moindre sentiment de dignité, ce politicien, besoigneux et avide, se dresse devant Paris, la cité babélique en s'écriant, en face de la nouvelle Babylone : « A nous deux maintenant ! »

Puis il va chez la fille dénaturée du Père Goriot, cette Delphine, dont il a fait son marchepied et sa maîtresse, préparer sa propre élévation de politicien et de parvenu.

Voilà comment Balzac a vu les types, comment il les a suivis. Le sentiment est toujours, par lui, analysé au plus près, toujours respecté et placé en le plus haut-relief. Par contre, il le montre comme il l'a rencontré en son temps qui était la préparation du temps présent qui trouble beaucoup et qui est bien difficile à surmonter et assez lourd à porter.

Notre compatriote loyal n'a pas craint de montrer le sentiment succombant sans cesse, condamné qu'il était dans une période sociale où le sentiment est considéré comme une faiblesse, ce qui expose nos

Celtes au plus pénible et désastreux affolement, eux les serviteurs éternels et enthousiastes du sentiment où ils trouvent la source de leur force et de leur affirmation.

Balzac nous a instruits, il nous a prévenus parce qu'il était un voyant pour son époque et un prévoyant de ce qui se devait effectuer de gênant, de fatal ou de terrible dans les accomplissements du temps présent. Il avait le sens profond et suprême du bien et il assistait à la noire perpétration du mal.

N'ayant d'autre arme en main que sa plume vaillante, il a démasqué le mal et l'a fouetté publiquement au visage. En montrant aux cœurs généreux et aux âmes sympathiques le bien reculant sans cesse devant le mal qui avance en vainqueur insolent, il a suscité des reprises de sentiment par le dégoût ou par l'indignation des bons à l'encontre des méchants.

Le bien, comme le Dieu tout-puissant dont il émane et auquel il se réfère de ce monde, a ses patiences de résignation et de martyre, parce qu'il se sent imprescriptible et éternel. Le bien, c'est la Providence incarnée aux plus souples fibres de la substance vivante de l'homme. Le mal peut frapper au cœur ou aux entrailles, il fera des victimes d'une heure, il n'anéantira pas la bonté digne et sereine qui est de toujours et qui se reprend en son germe ou en ses boutures.

Balzac a compris la fugacité épisodique du mal en surface, et la pérennité fondamentale du bien en nos plus inatteignables intimités. Par son génie de race et par sa foi chrétienne, notre immortel tragique en prose savait que la terre est un lieu à la fois de preuves et d'épreuves réelles, où la vertu courageuse a gain de cause par la croyance pendant que les fausses victoires apparentes du mal sont d'illusion aveuglante pour la bassesse, l'hypocrisie et la cruauté. Voilà pourquoi il faut revenir à la *Comédie humaine* comme à une sorte de bible laïque; non pour y trouver matière aux consolations banales, mais pour y apprendre à porter aux autres le viatique véritable et réconfortant des âmes droites et des grands cœurs.

Sous ces réserves de conscience, en la triple assise de la foi, de l'espérance et de la charité, on peut poser à examen calme et réfléchi les types qui promeuvent le drame, à visage découvert ou sous le masque tragique de la grimace et de la terreur. C'est ménagerie du belluaire forain, c'est labyrinthe du Minotaure et de Pasiphaé.

La maîtresse pièce de la collection, le Léviathan de cette Apocalypse étrange, on le voit dès le début de la représentation, c'est Vautrin. Celui-là remue toute la fange du mal, parce que, de cette boue pestilentielle qu'il croit féconde parce qu'elle est agitée d'une incoercible fermentation putride, il imagine qu'il pourra faire surgir le talisman préservateur du bien.

Providence à l'envers, Vautrin rêve de l'idylle au milieu de la criminalité la plus saisissante. Il se veut puissant de fait en ce monde qu'il mesure du regard, parce qu'il se sent la force d'un géant d'instinct, en face des myrmidons sociaux et à l'encontre de ces pygmées pupazzi ou poupées de la civilisation.

Vautrin connaît tous les trucs et se veut mettre en main toutes les ficelles. On ne rencontre pas un type pareil dans la rue, on le fait jaillir d'un seul jet de l'imagination qui le peut contenir sans en être brisée.

Vautrin, c'est le représentant de l'instinct volontaire des couches d'en bas en contre-partie des sémillances vaporeuses et des chatoiements fantaisistes des couches d'en haut. A ce titre il n'est pas type personnel, mais collectif. Il figure la révolution tout entière mise en position de sape ou de batterie, bombe explosible ou tir de canon à plein jeu.

En Vautrin se dresse, émergé à grand'peine des insondables et mystérieuses profondeurs populaires, l'homme d'intelligence et d'instinct. Il tombe comme un quartier de roche volcanique ou comme un aérolithe détaché des grands vides, au milieu des cadres de l'ordre social. Il a dérangé par sa masse et son poids ; il a rebondi, on l'a frappé.

« Mes lignes sont fermées ! lui a crié le social. Passe au large ! Arrière ! Va t'en ! »

Vautrin a entendu, il a compris. Il est rentré dans ses ombres ; mais, dans sa caverne, il s'est ménagé des fissures qui lui amènent toutes les lueurs et par lesquelles filtrent les silhouettes de cette société qui le rejette, et sont captés, sans en avoir le moindre soupçon, tous les follets fôlatrants de ce monde civilisé qui ne se sait aucunement guetté de près et condamné sans merci par ce trabucaire qu'il ne connaît pas.

Pour ce qui est de la société, Vautrin la nie parce qu'elle l'annule ; mais, au fond, il la sent inexorable en sa fixité. Parfois elle s'émeut, mais elle revient vite sur elle-même en vertu de son ressort naturel ; elle garde sa force d'inertie et ne bouge pas. Qu'on lui fasse réclamation, qu'on lui adresse remontrances, elle feint d'écouter, au fond elle n'entend pas.

Pour ce qui est de la civilisation, elle est autre chose que la société : l'une est d'assise, l'autre de couronnement. La civilisation, en terre socialement humanisée, est un épanouissement, une efflorescence ; étant plus dégagée en sa trame d'ondulation délicatement frêle, elle donne plus directement prise aux atteintes.

Floraison obligée de pointer hors des racines de l'arbre social qui la porte, la civilisation a risque d'être battue et courbée par les vents d'orage ; elle se trouve en péril d'être tranchée par le coup de faux des compétitions brutales.

Vautrin a merveilleusement senti l'opposition et le contraste. Il se trouve impuissant à l'encontre de la société qui a ses assises larges et ses fondations profondes. Simple élément individuel, le forçat de jadis, le récidiviste possible d'aujourd'hui, ne peut rien à lui seul contre la société, ni par habileté, ni par malice. Aussi, à la fin de sa carrière, il revient se ranger aux cadres occultes de cet ordre social qui seul permet de se libérer et de s'affermir.

Néanmoins, tant qu'il a l'espoir dans la lutte et pour le triomphe, le futur policier travaille avec ardeur et discernement. Que la Société demeure, que lui importe? Il se faufilera dans ses interstices; il se dérobera sous ses intervalles.

Ce monde, il se débat contre lui d'un bloc et tout d'une pièce; qu'il lui trouve un point faible, et de ce côté il l'attaquera sans merci.

Vautrin reconnaît bientôt que la faiblesse sociale, c'est la femme. Le terme d'atteinte contre la civilisation, c'est le féminin. Le conspirateur est, dès lors, maître de son terrain de cheminement et de traverse. Il met le cap de sa navigation de forban et de pirate sur la femme de la société et de la civilisation.

Il sent que cette société, qu'il ne saurait atteindre de front dans ses lois et dans sa force, repose, par un certain côté, sur un élément secondaire, momentanément accessible, bien qu'il apparaisse comme absolument triomphateur. Cet élément c'est la femme du monde.

Cette femme, d'apogée plus que d'élite, est garantie par toutes les lois, munie de tous les moyens, gratifiée de toutes les attentions. Vautrin saisit d'un coup d'œil que cette faiblesse fera sa force à lui, qu'il faut qu'il s'en empare pour s'en faire une puissance qu'il adaptera à ses usages et qu'il manœuvrera au sens de ses visées ou qu'il orientera dans la direction de ses vindictes ou de ses aperceptions.

Mais, à lui seul, le rejeté sauvage de la société, le barbare exclu de toutes les lignes de civilisation, il se sent en la plus radicale impuissance. Il n'a ni la beauté, ni la tradition, ni les formes nécessaires.

Il n'hésite pas cependant. N'a-t-il pas des aides disponibles qu'il peut se fournir et utiliser. Aussi

le voit-on donner, dès l'origine, des conseils à Rastignac. Il reconnaît vite qu'en ce politicien, sec et
égoïste, il ne trouvera qu'un auxiliaire assez insuf-
fisant.

Balzac, qui a la compréhension souveraine de
l'harmonie des moyens et des fins, montre ingé-
nieusement Vautrin allant se chercher, en province,
pour l'amener à Paris, l'homme de la forme, de la
beauté, de l'apparence, Lucien de Rubempré.

Vautrin a vu juste, en son jeu de surface, mais
il s'abuse étrangement en ses calculs et en ses sup-
putations. S'il ne voulait que le bellâtre, tout irait
de soi. Mais c'est un faux nourrisson de la muse
qui lui tombe dans la main, et non l'être de valeur
et de quintessence idéale.

Lucien, c'est le gens de lettre infatué de sa pres-
tance et encombrant de sa personne; c'est le poète
qui remue des choses vides et qui sonne de son
grelot aigre et assourdissant. Il représente une
sorte de crême fouettée littéraire, elle parfume, elle
fait du volume et ne soulève jamais que l'écume
plus ou moins sucrée de la vanité.

Balzac a compris que pour la menée à bien du
scenario de la *Comédie humaine*, c'est cette forme
de Lucien qu'il lui faut, c'est cet aspect de Rubempré
qui lui est nécessaire. Or, cette forme de l'esprit et
cette figuration de visage sont des produits requis
par la civilisation, force est donc de les lui fournir.

Par là seulement Vautrin a son outil d'usage,
mal forgé de nature, mais qu'il croit pouvoir parvenir à solidifier de bonne trempe et à aiguiser au
plus droit fil.

Quoi qu'il advienne, dans la pensée de Balzac qui se fait jour à travers la rude et épaisse écorce de Vautrin, Lucien de Rubempré constituera l'être intermédiaire, accessoire qui est indispensable pour que la société se désintéresse et que la civilisation s'endorme et rêve sous l'influence de ce soporifique plus ou moins dilué d'eau de lavande et de vinaigre de senteur.

Sous ce mirage de poésie amère ou douceâtre, les femmes de ce temps-là tombèrent en langueur, bercées par les susurrements de cette sorte de musique énervante.

Les femmes du temps présent sont passées d'un bond à l'hypnotisme qui écrase et à la morphine qui accable. Vautrin suggestionne lui-même ; Lucien de Rubenpré n'est plus qu'une ombre chinoise et ne vit que dans la collection de l'amusante comédie.

A son époque, Vautrin n'en avait pas moins fait un coup de maître en s'attachant Lucien. Mais comment retiendra-t-il cet éphémère, ce ver luisant de poésie, ce follet si vaporeux lui-même ? Pour séduire la femme du monde, il faut l'homme de forme ; pour fixer cet homme d'inconsistance qui doit lui servir de point d'appui et de levier, Vautrin a besoin d'une autre femme et il crée, d'une seule poussée de sa volonté féconde, la femme étrange, unique, hors de pair, la torpille à la fois vibrante et assouplie.

Quant à lui, Vautrin, l'homme de la chiourme et des galères, lui, le foudroyé, le renversé, lui que la société a marqué à l'épaule du fer rouge de ses arrêts irrévocables, il se revêt du caractère de couverture la plus garantissante, il se métamorphose en abbé Herréra.

Alors se déroule le panorama en pleine lumière de la splendeur et misères des courtisanes. Cela se passe en le fonctionnement le plus réel, mais non en simple peinture de mœurs; c'est un tableau magistral de la *Comédie humaine*. Balzac a fait grand et, après lui, l'on a vu petit. Il a été énergique, on est devenu faible. Il a créé les lions et sa descendance n'a fourni que les crevés.

On ne saurait, dans une commémoration de Balzac en ses rapports avec le temps présent, relever tous les types créés pour la mise en jeu scénique de la *Comédie humaine*. Il suffit de rappeler au plus près ce qui se rapproche directement des signifiances de notre âge contemporain. On doit reconnaître néanmoins que tous ces personnages, fictifs et agissants, gravitent autour de la physionomie prépotente de Vautrin qui est comme le chorège de ce colossal scenario.

Le galérien émérite se propose de conduire une campagne en règle sur le terrain social et sur le champ de manœuvre de la civilisation. Le premier élément qu'il a à cœur, c'est la magistrature qui a porté juste verdict contre lui.

La magistrature, au temps de Balzac, était bien plus soumise à l'ordre social qu'elle ne l'a été depuis. Comme beaucoup d'autres institutions, elle s'est émancipée dans son personnel, sans plus se rehausser dans ses fonctions. Elle s'est mêlée au courant politique qui l'a secouée sur ses bases et portée sur le flot mobile et capricieux du pouvoir ou de l'opinion.

Alors, la magistrature était bien et dûment assise; on ne la pouvait pas plus ébranler qu'on n'avait chance de renverser la société elle-même à laquelle elle était attenante par ses rattaches et ses aboutissants.

Cependant, par cela même qu'on se marie dans cette magistrature, il y a prise sur elle. Ainsi advient-il au juge Camusot. Il est marié, celui-là; sa petite dame Camusot désire que son mari arrive, qu'il monte très haut dans la hiérarchie, jusqu'au ministère de la justice, au besoin, sommet culminant de la magistrature.

Vautrin veille et intervient à son heure, il aura sa vengeance et se donnera satisfaction sur ce point.

Si Vautrin se rêve une sorte d'empire de l'instinct en double maniement de la force et de la ruse, au sein de la multitude et du populaire, de Marsay, le type aristocratique, se sent, en son genre, aussi fort et non moins vigoureux.

Vautrin s'est donné des aides, Henri de Marsay se fournit d'auxiliaires. Il fonde un groupe, les Treize, à la tête duquel est préposé Ferragus, le chef des Dévorants.

De Marsay, qui a du sang anglais dans les veines, par sa mère, se détermine une puissance secrète dont il se réserve d'être le moteur. Il joue les Clodius, ce qui le rapproche de César.

De Marsay comprend à merveille que, tout aristocrate qu'il soit, malgré toutes les forces civilisées qu'il se peut mettre en main, il y a au-dessus de lui quelque chose qui le domine. Il se sent soumis et il a le désir intime de l'indépendance, il éprouve le besoin de faire manifestation extérieure de sa volonté libre. C'est son empire personnel qu'il a dans l'idée, comme Vautrin avait le sien dans l'instinct.

Balzac, en sa suréminente pensée, conçoit que le Vautrin de la plèbe et le de Marsay des salons échoueront platement dans leur entreprise corrélative, bien que distincte. C'est qu'en ce monde, on ne remue rien par fantaisie pure ou par simple désir. On ne réussit que par mission et par devoir.

Il apparaissait nettement à Balzac que Vautrin, en sa qualité d'être d'instinct, ne pouvait pas devenir attractif. Les empereurs finissent un monde et ne le commencent jamais.

Aussi Vautrin voit-il crouler tout son édifice de machinations habiles. Son représentant à la cour, son général en chef du grand monde, disparaît dès que le moment du danger se présente. Tous les affranchis d'empire en sont là ; bravaches à la parade, ils s'éclipsent sur le vrai champ de bataille, tout se débande, empire et empereurs s'en vont à-vau-l'eau.

Même sort advient à de Marsay. Il avait, à son service, Ferragus, le chef des Dévorants, les Treize et le général Armand de Montriveau, qui était un Africain comme Scipion.

Nous avons eu des généraux d'Afrique. Ils furent de mode à une certaine époque ; Montriveau est de la première mode dans ce type-là. Brave, il a le teint bronzé par le soleil de l'Algérie, il vient se mettre à l'ombre et se rafraîchir dans les salons de Paris, il y rencontre la duchesse de Langeais.

Celle-là est femme du monde, essentiellement du monde. Lorsqu'elle officie, qu'elle pontifie, qu'elle monte à l'autel de son culte, saint ciboire en main, ou Saint-Sacrement sous l'éventail, que nul ne songe à l'aborder. Pieux fidèles de la prêtresse, attendez qu'on ait chanté : *Ite, missa est.*

Le général Montriveau n'est pas très versé dans la liturgie salonnière. Il prétend qu'on ne lui fait scintiller qu'une pâle lune en contre-partie de son calcinant soleil d'Afrique.

Sur ce chapitre, de Marsay, qui connaît sur le bout du doigt ses duchesses, querelle et calme son Africain, aussi intempérant que mal avisé.

« Tu n'y entends rien, lui dit-il, ce n'est pas le soir que l'on parle à la duchesse, c'est le matin. Vas la voir demain matin, à la première heure et ce sera ton tour d'oraison. »

Le général suit ce conseil sagement pratique. Il n'en demeure que plus furieux de l'aventure. Il voudrait que sa grandeur africaine eût tout dérangé, il s'aperçoit avec mécompte et dépit qu'elle n'a rien dérangé du tout.

Alors, en avant les Treize! Ils déploient une force énorme pour marquer d'un sceau de réprobation chimérique la plus charmante femme du monde. Infamie et lâcheté, voilà à quoi aboutissent les gens de la civilisation la plus superfine. Ils veulent faire œuvre de force vive, ils n'affirment que leur violence dans l'imbécilité, pendant que

Vautrin, leur antipode, se convainc de son impuissance la plus absolue.

Quel saisissant parallèle jeté de main de maître entre l'homme des galères et l'homme des salons. Ces deux êtres se sont rêvé leur jour d'empire autocrate, ils n'ont eu que la messe noire de leur nuit de sabbat.

Balzac les laisse s'affaisser sans les venir relever pour les remettre en action et les suivre pour les peindre à nouveau. C'est qu'ils n'ont plus de formes saisissables. Les retrouver, ce serait s'exposer à une descente de la Courtille, Balzac a sculpté ses masques, il n'a jamais peint de carnaval.

Vautrin, de Marsay ; voilà les deux grandes cariatides posées au frontispice du théâtre en p'ein vent de la *Comédie humaine*. Après ceux-là, les types ne sont plus que secondaires, physionomies annexes en fonctionnement épisodique pour que rien ne manque aux indications que Balzac projeta en son âge pour la vraie mise en lumière du temps présent.

Ces types de portée seconde ont de moins grandes ou profondes visées ; aussi vont-ils plus directement à leur but.

Il y avait des viveurs du temps de Balzac, à peine si l'on rencontre de francs et bons vivants aujourd'hui.

La *Comédie humaine* comporte deux types de viveurs : Maxime de Trailles et la Palférine.

Voilà deux êtres-types caractérisés de ce monde. Ils sont sur le terrain de la civilisation, ils n'en sortent jamais.

Retenus par le macadam du boulevard des Italiens, ils ne vont pas au .delà.

Ils ont d'ailleurs leur mobile particulier. Le premier principe qu'ils proclament est celui-ci, parfaitement opposé à la comptabilité commune : « Il faut faire des dettes! » C'est une sorte de raison d'état en les agissements de l'empire financier.

Le comte de La Palférine et Maxime de Trailles voguent sur ces eaux troubles où le capital vif, l'argent mignon, la pièce de vingt francs à tout faire, appendent à la ligne du pêcheur habile qui se déguise, au besoin, en poisson, pour se mettre à l'alignement de la commandite véreuse du soutenu ou du souteneur.

Nos Rastaquouères de la haute font des dettes, ou mieux, ils se font faire des avances pour paraître. Revêtus d'un prestige d'emprunt, riches de leur influence, ils servent d'appeaux pour faire des dupes et entraîner à la ruine les tenants les mieux munis, les plus titrés ou les plus cossus de la société et de la civilisation.

Ces nobles capitans s'en vont en chasse ou en guerre; mais, avant d'aller faire les beaux chez leurs belles, il leur faut avoir au préalable, compagnie et colloque avec le petit papa Gobseck. Celui-là aussi est un type qui a plus que son importance, il a son secret et son mystère. Argentier usuraire, c'est lui qui, dans son escarcelle crasseuse, détient tous les moyens de se manifester, bien qu'il ait soigneuse attention de ne se point manifester lui-même.

Gobseck, c'est le juif hollandais, c'est-à-dire de

juiverie double. On sent, en présence de cette physionomie insolite, quelque chose d'énorme comme
le Béhémoth du vieux Job.

Gobseck revient de Batavia; il a fréquenté tous
les êtres venimeux; il a dormi sous toutes les
plantes asphyxiques. Papa Gob-eck l'affirme, il s'en
vante. On ne sait trop quel crime il a pu commettre
sur ces rivages lointains de la Polynésie. Il s'est
battu en brave, probablement en pirate. Il a fait
fortune *per fas et nefas*. Pour lui, ce n'a été que
le point de départ.

Si Gobseck se risque sur le sol parisien, ce n'est
point pour faire fortune, mais pour affirmer son
empire; et son empire à lui, c'est celui de l'argent.

En cette visée, Gobseck est sûr de son affaire;
son moyen se confond avec son principe; le triomphe
est certain, l'usurier s'est assuré de tous les plans
et il est maître de tous ses jeux. L'argent, il le sait
de reste, a été institué comme le représentant immédiat de toute force sociale et de toute puissance
civilisée. On pourrait, au besoin, créer une société
sans argent, parce que la société, au fond, repose
sur le travail. Sans argent, impossible il est de
maintenir une civilisation parce qu'elle repose, en
ses allures, sur l'oisiveté.

Quiconque va trouver papa Gobseck est assurément enragé de civilisation. Alors le juif javanais
s'empresse de vous inoculer le virus de son argent;
il prend toujours et les pustules sont rondes, pleines
et solides; on y repique la lancette financière sans
la moindre crainte pour l'évolution à productive
échéance. Un seul Gobseck, pour peu qu'il trouve

de complaisance, peut vacciner ainsi toute une civilisation.

Papa Gobseck tient à affirmer et à ne point compromettre sa puissance. Il veille, avec des yeux d'Argus et sa griffe aiguë de vautour, au salut de son empire financier, bien mieux assis que l'empire instinctif de Vautrin ou que l'empire fantaisiste de de Marsay.

Sentinelle de son coffre-fort et douanier de sa circulation de frontière, Gobseck a grand souci de la nature et de la valeur des billets qu'on lui souscrit. Le moindre détail l'intéresse à cet égard. Gobseck a parfois son petit mot pour rire, en dedans ; mais ce n'est pas gai pour ceux du dehors.

Un matin, l'usurier infatigable examine deux billets. L'un est souscrit par une petite femme qui lui paraît d'assez minime consistance ; il se dit simplement : « Je verrai cela ! » L'autre billet est souscrit par une comtesse ; l'argentier a le temps de voir venir.

Gobseck opère ses recouvrements lui-même. Il se présente d'abord chez la petite femme sans importance. Chez le concierge, on lui répond : « L'argent est là. » L'aubaine était bonne ; mais le trait l'étonne ; il trouve l'occurrence originale et il se dit à part lui : « Je reviendrai. »

De même tour de rentrée à faire, il va chez la comtesse de Restaud. Madame n'est pas levée ; il est midi. « Je repasserai », dit-il, et il repasse en effet. Mais, avant de se retirer, il sent qu'il est maître de la place. Il entrevoit que cette femme est compromise, qu'il y a là un drame sous jeu. Il éprouve le plus vif plaisir de sa découverte. Ça le secoue, ça l'émeut, ça lui rappelle les Iles ; il se trouve dans la sauvagerie civilisée. Pour témoignage de sa joie, il dépose sur les tapis la crotte de ses souliers boueux, marquant ainsi que papa Gobseck avait passé par là.

C'est qu'au fond cet homme ne veut pas de la civilisation qu'il hait ou méprise. Il lui tient tête, se sentant en lui-même réserve, tuf et granit. C'est la lutte fatidique et implacable de la force et de la forme. Gobseck résiste, il ne se laissera ni séduire, ni entamer.

Quand cet homme de bronze et de pierre va mourir, quand il sent qu'il va disparaître du théâtre d'apothéose financière qu'il s'est dressé lui-même, il voudrait entraîner son or avec lui pour en auréoler son sépulcre. Eh bien, à ce moment, ce rude et inflexible Gobseck revient à récipiscence d'honnêteté. Il se donne la joie de sauver deux personnes.

La première est son ami, l'avoué, qu'il engage à épouser la jeune femme si ponctuelle à payer son billet à l'échéance. La seconde est le fils du comte de Restaud ; il le porte sur son testament.

En instinct juste et droit, Gobseck prépare ainsi le Social vivant, à l'heure ultime où il rentre dans le Social mort.

Du moment que la Palférine et Maxime de Trailles ont passé par les lignes de cheminement gardées par Gobseck, ils sont à jamais tenus par l'argent ; les viveurs de leur espèce sont livrés pieds et poings liés aux mains du juif usuraire.

Quant aux véritables gens du monde, ceux qui

ont encore leur fortune liquide et coulante, ils la remettent aux mains avidement habiles des banquiers.

Balzac, qui voyait tout et pressentait bien plus encore, a créé tout exprès la maison Nucingen pour solidement asseoir et jalonner le parcours de ses investigations que le temps présent n'a qu'à relever et à mettre en la plus indéniable confirmation.

Le type de Gobseck s'est un peu évanoui; il a reculé vers les barrières, il s'est crypté dans les bas-fonds. Dans ses repaires, il s'est multiplié sans doute. Perdant de sa consistance, il s'est revêtu du caractère de la plus glaciale inexorabilité économique. Il ne se permet plus d'être juste, il y a progrès.

Le type de Nucingen, par contre, s'est développé, il a grandi et pris le haut du pavé. Il a sa maison princière; il s'enrichit d'une façon certaine.

Nucingen a vu qu'il y avait des révolutions. Il profite du retournement possible pour se substituer au banquier qui fut son maître et son patron et qui se trouve par les événements mêmes ruiné de fond en comble.

Nucingen, s'étant fait les voies et donné les moyens, revient à Paris après avoir pris toute la fortune qu'il a déplacée de l'Alsace. Alors il s'empresse de faire une liquidation dans l'ordre légal, manière honnête de faire faillite à son profit.

Une liquidation consiste à pressentir l'état des valeurs dont on a la réserve et à s'en couvrir d'une façon particulière, puis à suspendre les paiements.

Dès que les paiements sont suspendus, toutes les

personnes qui ont des valeurs sur une maison de banque prennent peur. Il n'y a qu'à spéculer sur cette peur. On liquide donc, autrement dit les actionnaires sont mis en terreur pendant que le banquier se met en sécurité. Voilà ce que c'est qu'une liquidation, en terme du métier.

Or la maison Nucingen a déjà fait trois liquidations. La première fois son papier a couru dans tout Paris, la deuxième fois il a couru dans toute la France, la troisième fois, on le voyait partout à l'étranger. Par ce mécanisme aussi simple qu'ingénieux le banquier écoule son papier, pendant que l'actionnaire se coule et est radicalement décavé.

L'actionnaire, M. Gogo, était de pâte trop molle, trop inconsistante, pour que Balzac se donnât la peine de le recueillir. Le Gogo est une estampille sans caractère et sans relief, une sorte de papier froissé sur lequel on ne peut rien lire de net ni d'intéressant. Aussi Balzac n'a-t-il point essayé d'esquisser la silhouette de M. Gogo, pas plus qu'il n'a buriné de sa pointe d'acier le profil niaisement solennel de Joseph Prudhomme. Par contre, il a coulé d'un seul jet la statue monumentale qui a pour piédestal la maison modèle où l'incomparable Nucingen a inventé le mécanisme de la liquidation.

L'enfant choyé, le favori de la maison Nucingen, c'est Rastignac, le méridional correct et intrigant qui se promeut aux plus hauts emplois où il trouve aisément la fortune qu'il désire et la considération qui lui convient.

Balzac pour son temps a compris ce que le temps présent nous a montré, de reste, combien les méridionaux sont doués des qualités exigées par l'accomodante opportunité des périodes de transition. Ils n'ont pas la réflexion rassise des gens du Nord. Ils n'ont pas le fanatisme sombre ou éclatant des gens de l'Ouest. Par contre, ils ne manquent pas d'une certaine trépidation qui figure parfois, à s'y méprendre, la plus utilisable activité. Ils joignent à ces dons de surface, un air de langueur intéressante, de farniente qui rassure, qui trompe et qui plaît.

Rastignac est du Midi; pour parvenir, il commence par les femmes.

Ces gens entreprenants et sans trop de scrupules qui montent de la Provence ou de la Gascogne sont naturellement gratifiés d'une certaine physionomie originelle plus qu'originale. Ils ont ce teint ambré, un peu fauve qui attire l'œil et capte le regard. On croit souvent que c'est là un signe de force; ce n'est souvent qu'un vernis.

Cela plaît, de prime abord, surtout aux femmes, mais cela ne dure guère, car on se dévernit vite à jouer son rôle de trop près.

Nucingen utilise Rastignac à la façon des Italiens qui ont inventé le *Patito.*

Dans la maison Nucingen, le patito Rastignac est la succursale du mari.

Le Patito, c'est une soupape de sûreté. C'est une permission de latitude que le mari se procure en en donnant une à sa femme. En France, l'on n'admet guère ces permissions en tolérance réciproque et authentique; en Italie elles ont semblé nécessaires, le Patito y est devenu un personnage et une institution.

Le Patito là-bas fut grave en la période Byronienne; il a été ténébreux plus tard, puis féroce, après il est redevenu Adonis. Aux femmes inertes on impose un Patito en Italie; toute femme, en ce pays singulier, si elle n'était pas munie de son Patito, se considérerait comme insuffisamment meublée.

Nucingen, bien que Juif Allemand, a donc mis, dans le mobilier de sa femme ce nécessaire d'importation étrangère. Mais, comme il lui faut un Patito sérieux et à deux fins, il fait de Rastignac son entremetteur d'affaires. Rastignac veut parvenir, il se pliera à tout ce qu'on exigera de lui : il sera riche, homme politique et Patito, par-dessus le marché.

« Vous êtes bien posé dans le monde, lui insinue Nucingen, allez trouver vos amis, les personnages qui ont des actions; invitez-les seulement à m'envoyer une lettre antidatée de quinze jours, m'autorisant à faire tel virement de compte. »

Le mot du *Fiat lux* judaïque ouvre cette ère de virement sans fin; et, de krack en krack, on sait combien l'on a *viré* dans les roulis et roulements qui ont mis sens dessus dessous le temps présent où Nucingen et Rastignac sont plus associés que jamais.

Nucingen a parlé, Rastignac a compris. Les précieuses lettres de confiance sont arrivées. Quinze jours avant, les actions étaient excellentes; quinze jours après, elles ne valent pas un maravedi.

Ainsi se déroulait la chaîne sans fin des liquidations les plus fructueuses. Rastignac tournait la

manivelle de la roue de Fortune, Nucingen bizeau-
tait les cartes du jeu, et, pour les deux compères,
les numéros gagnants sortaient toujours.

La maison Nucingen c'est un papa Gobseck collectif, qui étend sur tous et chacun sa prévoyance
souveraine ; ainsi tous et chacun touchent à la ruine
et tombent dans l'abîme.

Tous les gens sont ruinés d'une manière ou d'une
autre. La ruine arrive aussi bien par le mariage que
dans le célibat. Lorsque la femme a épuisé les
finances de son mari, il lui est difficile de se refaire.
Qu'à cela ne tienne, l'argentier est plein de complaisance en cette occurrence ; qu'elle saute le pas et
son crédit se rétablira sur l'heure ; il est plus facile
de trouver un homme d'occasion qu'un mari de
rechange.

Sur ce terrain Maxime de Trailles est une sorte de
de Marsay du demi-monde. Son type, par là même,
est surbaissé, mais il ne reste pas moins à un
certain niveau.

Par l'intermédiaire de mauvais sujets comme La
Palférine et Maxime de Trailles, on remet un certain ordre dans la société et les bonnes gens conti-
nuent à être civilisés, comme devant.

CHAPITRE IV

LES MONDES

Quand on considère l'œuvre de Balzac en sa totalité, on s'aperçoit que ce vaste génie a embrassé une période relativement très courte dans l'histoire de l'humanité.

Le puissant écrivain a relevé la vie sociale dans ses cadres, il a distingué certains types spéciaux. Au moyen de quelques caractères frappés à la bonne marque, il a pu disposer les vues nettes qu'il avait à décision de présenter sur l'ensemble de la société et sur les projections mises en plus claire lumière de la civilisation. Au sens de son harmonie la plus haute, il ne s'est donné, en apparence, d'autre thème mélodique que la mise en jeu de ses contemporains.

Au fond, l'intuitif unique, qui est descendu et a passé dans notre monde, avait en lui tous les principes latents de son œuvre; il recélait, repliées en lui-même, les effigies virtuelles de ses types et de ses caractères. Son temps et lui marchaient plus de coïncidence qu'ils ne naviguaient de conserve.

Balzac a écrit d'inspiration au contact de son milieu, au froissement de son époque; les éléments qui l'entouraient l'ont mis bien plutôt en éveil qu'en observation.

De même, Balzac n'est aucunement classique; il

n'avait rien à emprunter à l'antiquité qui, pour lui, demeurait lettre morte. Il n'avait souci d'aucune Renaissance. D'inspiration droite, il communiait avec l'éternité la plus perenne, avec la vie dans ce qu'elle a d'immuable dans sa mobilité même. Les mœurs, les personnages, les intérêts, les passions qu'il a semblé prendre aux répercussions et aux échos de l'ambiance contemporaine n'étaient qu'assonnances fortuites de la colossale orchestration qu'il portait aux plus profondes écoutes de son être génial, à son propre insu et à la plus parfaite méconnaissance de ceux qui l'approchaient de près ou de ceux qui le voulaient comprendre ou interpréter.

Appliqué par-dessus tout à saisir et à montrer ce qu'il y a d'éternel dans les idées, il s'exprimait en ses formes intérieurement natives, sans le moindre souci de l'érudition.

De par ses traditions personnelles, il était imbu du génie de la race qu'il portait, fort accusé, enrobé aux fibres les plus déliées de sa conception la plus intime. Pour avoir équilibre neutralisé de sa raison usagère, il lui suffisait de se tenir pour catholique et royaliste. Au fond, ce qu'il était occupé à considérer c'était l'éclosion d'un monde nouveau, un monde particulier, le monde moderne, qui est le monde de la Révolution.

En cet examen de méditation réfléchie qui touchait presque à l'extase inconsciente, Balzac subissait le choc et se fournissait la contre-partie. En lui se passait alors une sorte de lutte singulière et d'accommodation étrange. Un, par excellence, le songeur subissait l'agissement double de l'inconnu et du saisissable. Il lui fallait parler et il se sentait accablé de silence.

Il avait des plans à dresser, des voies à ouvrir et il ressentait toutes les affres du vide, il éprouvait le frisson de l'abîme. Il avait la mission, non moins fatidique que providentielle, de demeurer en la sérénité la plus entière, au milieu des ruines et des effondrements.

C'est qu'en lui-même il n'avait nulle révolution à opérer ni à subir. Il lui suffisait de se retrouver et de se maintenir. Impassible, mais non pas inerte, l'intuitif gigantesque, moitié Titan, moitié Cyclope, soulève ses montagnes, amoncèle ses rocs de Pélion sur Ossa; il forge aussi bien la charrue de la glèbe que le glaive de la bataille, le poignard du sicaire et les lourdes et sonnantes chaînes de l'esclave.

Mais sa médaille, large comme l'espace, inusable comme le temps, inaltérable comme l'éternité, n'en a pas moins sa face et son revers. Si la terreur, l'inexorable, sont sculptés d'un côté, la rassurance douce, la piété tendre, sont gravées de l'autre.

Les mondes tournent, gravitent, se heurtent ou s'éclatent autour de notre Celte imperturbable; mais, comme nos vigoureux ancêtres de la Gaule druidique, il garde, infrangible et fixe, ce que nos pères, si hautement inspirés du chêne et du gui, dénommaient fièrement le point de liberté.

C'est sur ce point que tout roule et gravite dans le cycle tout bardique de la *Comédie humaine*, qui se peut mesurer avec toutes les aspirations emmêlées ou troublantes de ce qu'on appelle communément : la Révolution.

Au temps de Balzac, la Révolution et l'ancien régime n'en étaient pas moins en contre-partie d'opposition tranchée.

Entre le passé, dans ce qu'il avait pu avoir de général et d'utilisable au sens le plus droit de notre histoire, et le temps présent dans sa caractéristique courante, chacun se croyait obligé de prendre position; les partis se formaient sur ces données frustres; les mondes se constituaient sur ces plans de maintenance, de progrès, de hiérarchie ou de nivellement.

Balzac, par une entrevision tout idéale d'une sorte d'algèbre de la pensée intégrante et arbitrale, s'adjuge le bénéfice et la prééminence de la mise en opération par double signe positif et négatif. Le signe + et le signe — lui permettent la plus ample mise en équation des problèmes, les plus contradictoires en apparence, et les plus insolubles en leur irréalité d'incommensurable et d'imaginaire.

Dès lors, il avance sans hésitation et sans trouble. Il semble, en sa littérature, à la fois libre et contrainte, un Descartes qui applique l'algèbre à la géométrie, un Leibnitz qui vient de découvrir le calcul intégral et différentiel.

La Révolution, étudiée par Balzac, ne ressemble en rien à la Révolution telle qu'elle est mise en explication ou en exploitation par les politiciens ordinaires de la requête ou de la récrimination.

Balzac est un observateur dont l'œil est accommodé au plus délicat achromatisme de la vue intérieure et suprème. Il n'est pas un de ces politiques à lunette d'approche ou d'éloignement qui, à la mode des insectes, n'ont sur le dehors que la trémulation de leurs yeux à facettes pour tous les mirages de leur illusion ou de leur parti pris.

Le voyant, à la fois sur-terrestre et co-terrestre, ne s'occupe point des droits putatifs, des principes de logique systématiquement partiels et partiaux; il n'a qu'assez médiocre souci du bien et du mal dont on allègue, à plus ou moins juste raison, comme attenant aux résultats acquis ou contestés de la Révolution qui l'entoure.

Assurément, en sa qualité de légitimiste de convention et de catholique fiduciaire, Balzac garde certaines souvenances de famille attenant à l'ancien régime. Mais, étant devenu observateur presque involontaire, il écrit; et, à cette occasion, il décrit les mondes divers qui s'étaient donné, à cette époque, ce qu'en langage mathématique on peut qualifier : moyenne proportionnelle.

Qu'a-t-il vu dans ces mondes? Leur complexité d'abord. Comme il était à la fois d'impression vive et de réaction immédiate, ce qui l'a frappé, avant tout, c'est l'implacable inexorabilité de ces mondes. Il y a senti le fatal partout, le providentiel nulle part.

Malgré ses exubérances de proclamations libérantes ou libérales, en vertu même de ses accouplements d'impulsion progressive, la Révolution était revenue, momentanément, à une heure de relâche et de *statu quo*. Combats, massacres, terreurs, ruines épouvantables avaient passé, laissant un monde assez semblable, en apparence, à celui qu'on imaginait devoir disparaître et qui n'en était pas moins mis à plus ou moins plausible Restauration.

Certes, il y avait eu des ébranchements plus qu'ordinaires; des coupes sombres avaient éclairci les bas-fonds et dénudé les hauteurs. Cepèndant les vallées étaient restées en leurs lignes; les montagnes ne s'étaient point évanouies en leurs reliefs.

Les ravines n'en étaient que plus profondes, mais qu'on eût fait jachère ou constitué marécage, l'eau n'en coulait pas moins à la rivière, le Jourdain des âges n'avait pas reculé d'horreur jusqu'à sa source, les grands fleuves aboutissaient toujours à l'Océan.

Un résultat assez piquant était néanmoins advenu, c'est que la tradition, s'étant venu réinstaurer sur les gradins assez mal rembourrés de cette révolution rassise, chacun gardait soigneusement son rang et sa place, plus difficile il était, en conséquence, d'avoir accès par pénétration fortuite dans les cadres reliquats des mondes d'auparavant.

Avant 1789, les mondes de ce temps, les gens *nés*, comme on disait alors, se trouvaient constitués dans un ordre particulier. Le monde économique qui, depuis, a pris toute la prépotence, l'empire financier, qui serre de si près en son étau le temps présent, n'existait pas. Les hommes d'argent encourageaient les arts, les grands seigneurs protégeaient la philosophie.

Les belles et nobles dames elles-mêmes et tout leur monde à la suite se montraient fort occupées des choses de l'esprit. Diderot, d'Alembert, Grimm,

Helvetius, d'Holbach, tous les encyclopédistes avaient institué une sorte de république de la pensée; salons et palais leur étaient ouverts; princes, rois et empereurs avaient pris quelque plaisir au jeu.

Balzac, dès qu'il se met à l'œuvre, constate que les mondes actuels, qu'il observe, se sont resserrés et fermés sur eux-mêmes, se tenant en opposition constante; la complexité y est notable, l'impénétrabilité y demeure absolue, les fins de non-recevoir y sont au bout des lèvres et à fleur de peau.

Du même coup d'œil, l'observateur infaillible ne manque pas d'apercevoir que nos mondes nouveaux, par là même qu'ils étaient différents et en antagonisme, se tenaient résolument sur le qui-vive de la guerre et du combat.

Pour entrer sur terrain neutre entre tous ces mondes de heurt et de conflit, de regrets pénibles et d'aspirations juvéniles, Balzac jette le pont de passage pour pénétrer sur le champ commun de l'inconnu et de l'angoisse, il construit son radeau de la *Méduse* : il écrit la *Physiologie du Mariage*.

Dans cette œuvre de sa complaisance toute particulière, le physiologiste improvisé mêle le drame à la comédie; mais, sous une forme rieuse, cette évocation presque funéraire du mariage voile à peine les péripéties les moins rassurantes de la plus lugubre tragédie.

Le monde matrimonial recèle en son sein les outres les plus tempétueuses des Éoles de la sociabilité. L'antagonisme inexorable de l'homme et de la femme soulève entre les deux conjoints les plus violentes bourrasques, en cette atmosphère sans cesse grondante où la nuée orageuse couvre de ses ombres ces partners qui se foudroient de leurs électricités contraires et se martèlent des plus cinglants grêlons de leur plus inconciliable intempérie.

Ce champ clos, quelque météorologiquement atmosphérique qu'il puisse être, n'en a pas moins été circonscrit par la Loi ; l'opinion le surveille, nul n'en saurait sortir autrement que par l'écart. Le mariage, c'est la fosse aux lions quand on y entre, c'est le désert sans fin quand on en sort.

Dans le monde du mariage, Balzac s'assure que, malgré les lois, malgré les mœurs, malgré les désirs de chacun, il suffit que l'homme et la femme se mettent ensemble dans un lieu fixe pour qu'aussitôt ils s'observent comme deux ennemis. Ils n'ont de cesse jusqu'à ce qu'ils aient assouvi leurs désirs, donné satisfaction à leur vindicte réciproque, atteint le but tacite ou déclaré qu'ils poursuivent, tournant ou renversant les obstacles de l'ordre social, brisant les contraintes de la loi ou se dérobant aux exigences mêmes de la civilisation.

Aux yeux de Balzac, cette lutte, digne des Caraïbes ou des Peaux-Rouges, pivote autour de deux intrigues principales : l'affaire Chaumontel, éternellement inventée par le mari ; 2° la Prédestination qui vous vient du fait de la femme.

Qu'est-ce qu'être prédestiné ? Qu'est-ce que l'affaire Chaumontel dans le monde du mariage ?

Etre prédestiné, en qualité de mari, c'est arriver à subir, dans son intérieur, tout ce qu'on voudrait éviter d'y subir, sans que rien au monde puisse en détourner votre tête d'aucune façon.

La femme vous prédestine, en mariage, en vertu de ce principe politique qu'il n'y a pas de héros pour son valet de chambre. Rien ne saurait demeurer grand, au regard de la femme, en un homme quelconque qui s'est laissé déterminer par elle, en lui laissant prendre sa mesure.

Que vous soyez bon ou non à quelque chose, cela importe assez peu en la circonstance; si la femme déclare que vous n'êtes bon à rien, cela est suffisant pour la portée de son jugement.

Quel homme, en lignes du monde de mariage, pourrait conserver son niveau et récupérer son prestige, lorsqu'il a subi le double contrôle de la loi et du sacrement, et qu'il s'est mis bénévolement sous la surveillance de sa femme? Dès qu'on est marqué de cette triple estampille de subordination notoire, on se peut dire infailliblement prédestiné. L'homme, dès lors, demeure étiqueté, classé, toisé dans son cadre conjugal. Sentence est portée contre lui, force est qu'elle soit suivie de l'exécution.

Dès qu'on se trouve condamné à ce *carcere duro*, il est peu loisible à un mortel ordinaire de sortir et de s'échapper. Il y a latitude d'allonger un peu la chaîne.

L'affaire Chaumontel, ou tout autre prétexte analogue, est une façon incidente de se promener une heure ou deux sur les dernières lignes frontières de sa cage; mais il faut toujours se ramener soi-même au foyer domestique; il faut toujours revenir au logis consacré par le triple lien entrelacé de la nature, de la religion et de la loi.

Pour ce qui est du téméraire hasardeux qui a

prétention de se créer tout à fait femme à sa guise et à sa main, il risque fort de se commettre hors des liens consacrés. Glissez, mortels, n'appuyez pas ! L'aventure, dès lors, se poursuit hors des enceintes fortifiées où trône la Physiologie du mariage. On met le pied sur le terrain de manœuvre où s'essaie à prévaloir la Physiologie de la Liberté. L'on fourrage ou l'on maraude, mais l'entreprise est des plus scabreuses, on y éprouve plus d'un mécompte et plus d'un empêchement.

Balzac a observé et décrit, aussi bien pour son époque que pour le temps présent, cette crise de l'astronomie conjugale à laquelle on a donné un nom charmant : la lune de miel ; lune, parce que ce n'est pas très éclairant, miel parce qu'on a imaginé qu'il fallait au moins en édulcorer le croissant.

En le jugement qu'il porte sur le mariage, notre fin matois de Touraine est, à la fois, Rhadamanthe, Eaque et Minos. Il furète partout aux papiers les plus secrets dont il complète son dossier.

Voyez avec quel soin il recueille la correspondance de *deux jeunes mariées*. Ce sont deux amies de couvent. Elles échangent à distance leurs impressions de mariage. Elles ne sont pas du tempérament des héroïnes de la Physiologie. Ce sont deux bonnes filles pénétrées des meilleures intentions. Elles ne songent à *prédestiner* personne ; elles n'ont pas trop à se garer de l'affaire Chaumontel.

Ce sont deux jeunes mariées, simples et modestes, qui cherchent à se rendre compte de ce que leur ménage le sort et ce que leur promet la destinée. Elles sont loin d'avoir rencontré dans le mariage ce qu'elles en attendaient. Elles se résignent cependant, mais elles sont loin de triompher. Elles sont entrées dans un monde dont on leur a ouvert la porte sans leur donner la clé.

Leurs rêves ne se sont pas réalisés au ciel de lit de leur monde social; mais elles n'ont pas encore effeuillé toutes les roses de leur jardin de civilisation.

L'une se réjouit pourtant; l'autre ne se plaint pas. La première s'occupe de ses domaines, la seconde est toute à ses réceptions mondaines. C'est donc l'attente, ce n'est pas le succès. Les destinées ne sont pas satisfaites, bien que les sorts des conjoints aient été mêlés et enchevêtrés à plaisir.

Balzac a nettement débrouillé cette grosse question des mondes où se choquent des antagonismes et où se heurtent de si nombreux intérêts. Il a clairement mis en lumière cette vérité primordiale ici-bas : ce qui est cherché n'est point obtenu.

Il y a donc quelque chose à faire pour que la félicité existe en ce monde; il y a des obstacles à enlever ou à franchir pour que le bonheur advienne sur la terre. Le temps présent n'a rien de facile; Balzac a dressé le phare qui dissipe les ombres, à nous à tracer le chemin qui se puisse aisément parcourir en plein jour.

La société, dans tous les temps, tient ferme en les lignes rigides de ses cadres; sans le moindre souci des vélléités personnelles ou des fantaisies de chacun. La société ne cède point à commande. Elle représente la planète faite homme et faite femme.

Si cette société ne cède ni ne concède, elle ne

s'en divise pas moins, pour son jeu de détail et d'ensemble en compartiments multiples. On subit toujours la société dans ses assises. Néanmoins, comme elle va se brancher sur d'autres termes de comparaison, elle constitue, au demeurant, une hiérarchie qui a ses degrés et ses niveaux. On la surmonte donc en gravissant l'échelle glissante qui est appliquée sur ces pentes abruptes qui apparaissent, en perspective, comme rafraîchies de verdure, couronnées de fleurs.

Si l'on veut bien comprendre les mondes de Balzac, nécessaire il est de dresser sur deux plans distincts les lignes de longitude et de latitude dans la société. L'intérêt se dessine sur les arêtes sociales, la hiérarchie se profile en la parallaxe de la civilisation.

Balzac, qui est voyant en lui-même, regarde les gens au dehors. Partout où il porte son investigation, soit dans l'Europe, soit dans notre France, dans notre pays surtout depuis la Révolution, il voit la société composée d'êtres très divers qui en occupent les cadres ou en menacent les alentours.

De plus, il entrevoit un monde à part, une hiérarchie, la civilisation au sein de laquelle il voit s'introduire une foule de personnes variées et d'individualités singulières, aux sentiments multiples et aux aspirations opposées.

Voilà ce qu'il convient de pénétrer pour parvenir à bien saisir ce jeu des mondes dans l'œuvre de Balzac, cette *Comédie humaine* qui lui apparut en bloc et dont il a si merveilleusement dégrossi l'ensemble et ciselé les détails.

La révolution française, on peut le dire aujourd'hui, qu'on en a assez exactement déterminé la tendance, c'est l'avènement et le règne des parvenus. Il n'y a certes pas uniquement le *parvenir* en cette promotion d'une sorte d'ère nouvelle pour l'humanité. L'impulsion rénovatrice de notre patrie, de notre génie celtique, a contenu des sentiments généraux et généreux. Sous son plus secret ressort se bandait l'arc de détente d'une expectative que nous devons très religieusement recueillir. La réalisation des valeurs s'y trouve implicitement engagée. Pourtant, on ne le saurait méconnaître, la poussée du parvenir y est prédominemment suscitée.

La révolution française n'est pas finie. Le temps présent a beaucoup à y réviser, par un sérieux examen de conscience rétrospectif et par le débrouillement du chaos sans *fiat lux* sous lequel on nous a enténébrés avec une sorte d'ironie de malin plaisir.

Balzac, lui, n'avait vu que le côté dramatique. Il avait été surtout saisi par la partie héroïque qu'avaient jouée vaillamment nos incomparables armées de ce temps-là. Quant à la partie intrigante, si l'on peut ainsi dire, de la Restauration et du règne de Louis-Philippe, il l'a burinée en traits ineffaçables sur les tablettes immortelles de sa si ample Comédie.

Il a eu la chance heureuse de mourir en 1851, ce qui lui a évité bien des heurts et des obnubilations dont notre génération a si douloureusement souffert. Il n'a rien eu à peindre du second Empire, il n'a point eu à s'abîmer la vue pour scruter les incidents assez ternes et confus de nos jours ultérieurs.

Qu'on se rende plus ou moins juste compte, chacun sent, dans notre vieux pays de Gaule, que la France continue ou recommence sa révolution. Il se peut qu'on enraie pour ne point aller aux fondrières ; quelques-uns peuvent rêver de mettre tout à explosion pour qu'il y ait place nette et que l'on table à nouveau.

Ce sont là simples épisodes ou de réaction prudente ou de débordement intempestif. Au fond, notre nation se cherche aux plus mystérieuses écoutes de ses entrailles ou de sa pensée.

Les principes profonds, les idées cachées, cette espèce d'inconnu qu'elle porte dans ses flancs, la France les veut tirer au clair et amener au plein jour.

Sous l'influence d'une conscience plus réfléchie, d'expériences plus multipliées, nous arrivons à comprendre, chez nous, qu'il ne suffit pas de parvenir.

Se sentir et se déclarer parvenu peut suffire à des êtres de compétition secondaire. C'est presque déchéance pour les êtres de plus haute portée et de plus large envergure, pour les êtres de devoir et de religion, de conscience et de valeur.

Balzac, à ce titre, est fort intéressant à connaître. Comme il n'écrit que par ressaut de son inspiration contre le contact du milieu qui le presse en s'agitant devant lui, c'est par comparaison qu'il convient de le consulter. Sa pensée est toujours bonne à voir mettre en œuvre, son impression demeure du plus utilisable enseignement.

Quand, après lui, il y aura abaissement d'étiage par l'épuisement des situations et l'évanouissement des types, ses mondes à lui demeureront indemnes de toute atteinte.

Le politicien Rastignac pourra ne plus être qu'allumeur de quinquets dans les coulisses du théâtre parlementaire; *Seraphitus-Seraphita* restera toujours étoile scintillante au plus haut et pur firmament de la scène suréminente de la *Comédie humaine*. Le raisonneur est de passage, l'intuitif demeure en la plus incommutable fixité.

Balzac, placé au carrefour où s'entre-croisent deux voies opposées de notre cheminement historique, a ressenti et rendu l'impression que lui ont fait éprouver les mondes de la révolution française et les restes de mondes qui avaient appartenu aux derniers régimes. Ils se trouvaient, par là même, aux plus pleines données de l'actualité, ces deux sortes de mondes tendant à se pénétrer sans abdiquer le désir de se combattre et se tenant toujours prêts à se supplanter, selon les occasions du moment.

Comment peut-on se rendre compte de ce travail de Balzac en ces mondes? Dans ce Bénédictin de la *Comédie humaine*, il y a du magicien et de l'astrologue. On se le figure comme une sorte de Nostradamus modernisé en contemplation sidérale en sa nuit vigilante, vis-à-vis de son ciel étoilé.

> Estant assis, de nuict secret étude,
> Seul, repose sur la selle d'airain.
> Flambe exiguë, sortant de solitude
> Fait proférer qui n'est à croire en vain

La verge en main mise au milieu des branches,
De l'onde il mouille et le limbe et le pied,
Un peur et voix frémissent par les manches,
Splendeur divine, le devin près s'assied.

Ainsi débutait dans les deux premières centuries de son prophétisme celtique Maistre Michel de Nostre-Dame. En la même attitude rien n'empêche de se représenter le songeur à double vue qui sonde les mondes sous le triple aspect de l'infini, de son être intime et du milieu extérieur contemporain.

On ne saurait avoir la prétention de creuser à fond tous les mondes que le haut astronome de la *Comédie humaine* pénètre du télescope de sa plus perspicace et minutieuse attention. Pour apprécier son tact et juger de sa méthode, il nous suffira, pour exemple, de prendre le monde bourgeois.

Les bourgeois sont très intéressants dans leur ordre; s'ils ne se montrent point d'agréance plaisante à tout ce qui n'est pas eux-mêmes, ils n'en ont pas moins satisfaction assez directe à se retrouver entre eux.

La bourgeoisie est très difficile à définir en son essence. Si elle n'atteint que rarement à ce qui est grand et généreux, par contre, elle se tient de très près à ce qui représente l'exactitude, et, d'intention du moins, à tout ce qui se rapporte ou touche à la probité.

Pour frapper, d'un seul coup de son balancier puissant, le médaillon où se devait mettre en relief ce tout particulier monde bourgeois, le vigoureux fondeur a fait jaillir de son moule le type ineffaçable de César Birotteau.

Lorsque Balzac a peint ce type, la bourgeoisie se trouvait à l'apogée de son triomphe transitoire.

Birotteau est devenu moins bonnet à poil, il n'a plus guère de physionomie accentuée, il s'est rapetissé aux proportions d'une simple silhouette littéraire, laquelle s'est presque évanouie à l'état d'ombre sous les pâles apparences de Jérôme Paturot, à la recherche d'une position sociale.

Birotteau, lui aussi, est en quête de cette position qui est le Sésame, ouvre-toi! de tout bourgeois de bonne venue. Il invente l'huile merveilleuse de Macassar, manière honnête, d'ailleurs, de faire bourgeoisement sa fortune.

Il a ses jours de grandeur; puis, pour lui, sonne l'heure de la décadence et de la ruine. Il reste honnête et digne au milieu de ses revers, sa valeur morale n'est aucunement ternie par ses petits travers de ridicule et de vanité.

Aux jours de son exaltation sur son estrade improvisée de richesse et de fortune, Birotteau, le type modèle d'un bourgeois de Paris, veut être maire de son arrondissement et forcer ainsi, par un côté, l'entrée des cadres de l'ordre de société ayant cours.

Les bourgeois de 1830, une fois leurs intérêts premiers assurés, ont combattu le roi légitime en ses ordonnances de Juillet. C'est à ce moment que le riche industriel Casimir Périer disait carrément à Charles X : « Sire, retirez vos ordonnances, ou je passe à la révolution corps et biens! » C'était rappeler le fier langage de Mirabeau à l'envoyé de Louis XVI : « Nous sommes ici par la volonté du peuple, nous n'en sortirons que par la force des baïonnettes. »

Le bourgeois Casimir était dans son rôle. Donnant donnant, dans ce monde-là, on ne sert qu'à telle ou telle condition convenue d'avance.

La royauté est vaincue. La bourgeoisie sort aussitôt de son époque héroïque. Elle ne songe plus qu'à s'étaler aux plus larges surfaces de ses plans d'affaires ; un seul souci est d'assurer et de couvrir ses intérêts.

Aussitôt, le bourgeois devient vaniteux, par cela même que les cadres sociaux et politiques lui sont ouverts. Elle va même jusqu'à imaginer, cette bourgeoisie débordante, qu'à elle seule elle est la France, le progrès, le monde et la civilisation. N'ayant rien d'apparent qui la domine, elle croit avoir supprimé ce qui la gêne, parce qu'elle chasse de son horizon, tout ce qui la trouble et qu'elle suppose pouvoir tenir sous la pesée de ses compressions méthodiques ce qui la pourrait déranger ou lui faire peur.

Confiante en elle-même, elle s'épand de toute l'ampleur de ses ailes de haut vol ; on dirait, en voyant se jouer dans leur atmosphère sereine les bourgeois de cette époque, des oiseaux qui s'empressent de s'échapper de leur volière dès qu'on leur en ouvre la porte et qu'ils n'ont plus que le grand air devant eux.

A leur moment, pourtant, ils furent assez gauches et embarrassés de leur attitude ces bourgeois devenus les maîtres du jour. La cour du Roi-Citoyen eut ses petitesses et ses insuffisances. Sous le dernier empire, la bourgeoisie se revêtit de plus de clinquant, mais il y eut encore moins de réserve et de retenue.

Les politiciens bourgeois n'en faisaient pas moins leurs affaires. Enrichissez-vous, leur avait dit un ministre austère qui, dans sa morgue ironique, leur demanda un jour : « Vous sentez-vous corrompus ? »

Balzac a bien peint ce monde bourgeois qu'il coudoya et qui le froissa en plus d'une rencontre. Le temps présent n'a guère changé à cet égard. Le roi et l'empereur, la monarchie sont en moins, la République, le suffrage universel et le peuple souverain sont en plus. Que les algébristes les plus autorisés se courbent à la besogne ; la question sociale est à mettre en problème ; côté des hommes, côté des femmes. Ah ! la bonne timbale pour qui montera au mât de Cocagne et décrochera la solution.

Balzac n'avait en vue nulle timbale, il venait d'en haut. Il n'aspirait à aucun mât de cocagne. Son œil était perçant, il tenait à la main son poinçon ferme et acéré, il burinait son œuvre sans autre souci que de la mener à bien, de monde en monde il allait droit devant lui.

Avec quelle touche magistrale il a évoqué le monde nobiliaire. De quelle lignes précises et fines n'a-t-il pas dessiné tous les gens du traditionnel faubourg Saint-Germain.

L'aristocratie de noblesse, revenue à ses souvenances de privilèges anciens, n'en était pas moins obligée de s'accommoder aux exigences du milieu contemporain. Chez elle, on rencontre un certain comfort de bon aloi, elle garde une assez profonde conscience de certaines formes particulières.

Assurément, ces très respectables personnages, repliés dans les cadres assez peu pénétrés de leur monde, ne doutent pas un instant qu'ils ne soient demeurés les représentants attitrés de la société. Dans ses serres chaudes de haute culture, le noble faubourg laisse pousser les plantes rares et les fleurs les plus délicatement épanouies de la plus exquise civilisation.

Néanmoins, cette compagnie d'élite et de réserve ne saurait se risquer à se commettre en dehors de certaines limites. Il lui est interdit de s'affirmer plus qu'il ne convient. Que les tenants de la noblesse aient velléité de sortir de leurs lignes et, tout aussitôt, on leur fera sentir la pesée des intérêts dont l'aristocratie de tradition n'est plus, en France, le détenteur prépondérant.

Dans notre société de capitalistes, dès que le monde de la noblesse se targue de trop de morgue et s'affiche trop dans ses prétentions, sans plus tarder, les tenants logiques ou intéressés de la démocratie sont tout prêts à lui opposer des arguments ou des fins de non-recevoir. La Révolution, n'étant pas finie, on la reprend, on la recommence, on la propulse, chaque fois et tout autant que le prétexte en semble plausible ou opportun.

Balzac ne s'est aucunement occupé du dramatisme et encore moins du mécanisme de la Révolution.

En son contact d'observateur impressionnable

bien plus qu'impressionniste, il n'a eu sens direct que de trois mondes : la Bourgeoisie, la Noblesse, l'Empire.

En passant, comme au hasard, parce que rien ne lui échappe et qu'il ne néglige aucun terme, Balzac a touché au monde des paysans, mais il ne s'y est aucunement appesanti. Dans le *Curé de campagne*, il a eu un vague soupçon de ce qu'est le paysan, il ne le pénètre pas dans son essence cachée ; la rusticité lui échappe au sens presque occulte de son fonctionnement intime.

Le paysan redoute toujours l'autorité, qu'elle soit brutale ou doucereuse. Il est défiant vis-à-vis de ce qui est fort ou maître. On lui porte naturellement ombrage, chez nous, dès qu'on a main mise sur le sol, dès qu'à ses yeux et à son encontre, on détient la terre et qu'on est possesseur dans la contrée.

Le conflit s'élève donc de soi entre le régnicole rural et le propriétaire attitré du domaine. Ainsi advient-il au général, comte de Montcornet. Celui-là est d'empire, il a été grand sabreur comme le Nemrod biblique fut puissant chasseur devant l'Eternel.

Montcornet se croit garanti et tout à l'aise, mais Balzac a soin de mettre les paysans en vigilance autour du château de ce militaire qui s'imagine assez naïvement être en pays conquis et soumis à sa discrétion.

Quant à la générale, se croyant à couvert sous le sabre marital qui lui sert d'égide, elle continue, à la campagne, sa libre existence de Paris ; elle emmène avec elle un critique en littérature, sans autre souci des bons villageois que s'ils n'existaient point.

Les paysans n'en sont pas moins tapis en leur poste de surveillance et de guette, tout disposés à perpétrer les plus mauvais tours qu'il se pourra. Ils font la cueillette dans les bois du seigneur maître, en s'y attribuant les droits de vaine pâture. Ils ne reculent pas même devant l'assassinat, dès lors qu'ils se considèrent comme en guerre ouverte. La société n'a pas moins toute précaution prise pour les combattre, la gendarmerie n'est pas loin et peut accourir pour la protection du château.

Mais, non moins près, Balzac signale les agissements, tracassiers et menaçants, de la ville voisine.

Là conspire la menue bourgeoisie d'à côté. Elle aussi promeut vindicte ou malséance à l'encontre du malencontreux général, ce comte de fabrication récente de l'empire militaire qui ne lui permet pas d'avoir, à son obédience, le moindre banneret.

Voilà très nettement trois mondes directement mis en présence par le jeu impartial de la *Comédie humaine*. Rien ne les arbitre, chacun marche en ses voies sans autre référence que les hostilités, sans autre aboutissant que les conflits.

Ainsi apparurent à Balzac la campagne en sa rusticité, la petite ville de province avec ses dénigrements et ses envies. De nos jours, les silhouettes sont différentes; les compétitions n'en sont ni moins vives, ni moins aigres, hostilités et conflits ne sont aucunement ménagés.

Remontons jusqu'à la ville plus importante. Le spectacle fourni par cette existence urbaine de degré

supérieur est-il plus satisfaisant? Assurément non!
Y est-il plus fraternel? Nullement. Est-il plus simple? Pas du tout.

Pour faire la transition à ce monde particulier, il
suffit de consulter l'exposé magnifique qui se trouve
si nettement déduit dans les *Illusions perdues.*

On y voit le passage d'un esprit de notre époque
sortant du clan d'une petite bourgeoisie de province pour entrer dans le champ sans limite d'une
capitale de grande nation comme est Paris.

La mise en scène se passe à Angoulême. Le père
Séchard, de l'état de simple ouvrier, s'est élevé au
rang de patron.

Le père Séchard ne sait pas lire, mais il sait
parfaitement compter. Dans son imprimerie au mécanisme presque antédiluvien, le nouveau patron
éprouve grande difficulté à trouver quelqu'un qui
sache lire et lui puisse servir de prote. Il rencontre
cependant un aristocrate qui, ne voulant pas quitter
le pays, occupe ses loisirs en se faisant correcteur
d'imprimerie. Par malheur, pour le patron dans
l'embarras, cet aristocrate rentre dans la possession de ses biens.

Heureusement pour le père Séchard, la question
du clergé n'était pas encore parfaitement réglée;
il y avait des prêtres réfractaires et des prêtres
assermentés. C'est un prêtre qui prend la place de
l'aristocrate à l'imprimerie.

Quand la bourrasque est passée, le prêtre devient
évêque, de même que l'aristocrate a repris sa fortune. Le père Séchard reste dans son imprimerie,
sans plus savoir lire après qu'avant.

De guerre lasse, il se résout à faire donner de l'instruction à son fils, dans le juste espoir qu'il aura en lui un prote qui ne le quittera jamais, lui évitant ainsi d'avoir recours à des lettrés en rupture de castel ou de prêtrise. L'instruction terminée, il envoie son fils en apprentissage chez Firmin Didot, à Paris.

A l'imprimerie Didot, milieu d'élite, le jeune homme s'assouplit et se forme. Il n'en garde pas moins, d'instinct, la tradition de famille et il revient à Angoulême dès que son père le rappelle pour en faire son successeur, en lui laissant son imprimerie défectueuse aux plus lourdes et désavantageuses conditions.

Le père Séchard exploite rudement son terrain de famille et cela dans la plénitude de son droit d'état. De ce côté, comme en beaucoup d'autres, la Révolution a fait plus de dérangement que de mise en œuvre. La situation, à cet égard, n'est guère mieux dégagée dans le temps présent. Ce n'est pas que le lien familial soit bien serré et bien solide; par contre, nulle garantie n'existe, la famille est devenue une sorte de nomadisme organisé.

La Révolution a mis tout en branle, mais elle n'a rien constitué en assise. La famille a été mise en mouvement, le crédit aussi a été mobilisé. Nul n'ignore tout ce que cela a engendré de misères et de catastrophes. Tout ce qui était de garantie se trouvant en mouvement, soit d'aberrance, soit de circulation, chaque terme demeure en risque, toute situation est en *alea* ou en péril.

Qu'on parvienne, par un virement de logique

économiste ou de spéculation financière, à mettre le sol en action ou en commandite, toute la richesse consolidée de la France se trouvera anéantie ou déplacée par l'aliénation la plus insensée du territoire national.

Au temps de Balzac, on ne soupçonnait pas le danger de la conquête financière. Gobseck n'en était qu'à la mise à profit de son argent par les billets qui lui étaient directement souscrits.

La maison Nucingen détournait, à son avantage immédiat, le capital monétaire par le drainage habilement instauré de ses plus industrieuses liquidations.

Le temps présent n'en est plus aux petites exploitations familiales du père Séchard. Gobseck est sorti de sa tombe en se ressuscitant en Christ du prêt gouvernemental. La maison Nucingen a hissé plus haut son pavillon de signaux à grande portée. C'est la liquidation nationale qu'elle nous brasse, se donnant, comme courtiers, les uhlans d'Allemagne et se fournissant, comme entremetteur des rançons milliardaires, le plus redoutable politicien de commande, le plus triomphant Rastignac de Germanie.

Balzac, en la précise vigueur de son génie, a saisi les plus réels rapports des hommes sociaux ; il a éclairé la situation des êtres humains entre eux ; il sentait le vide sous notre société trouble ; il voyait s'entr'ouvrir l'abîme sous les pas titubants de notre civilisation enténébrée.

A Angoulême, dans la ville bourgeoise du père Séchard, notre romancier sagace étudie les mœurs et allures du monde, complexe bien que médiocre qui s'agite au chef-lieu de département. Dans la cité où se promène en villégiature le subtil écrivain des *Illusions perdues*, il y avait, pour le moment, un préfet qui comptait pour peu ; par contre, la préfète y comptait pour beaucoup plus.

Mme la Préfète se revêt de la plus prestigieuse importance, parce qu'elle vient de Paris. M. le Préfet a beau être muni de haut titre et présenter la surface d'un personnage important, « la grande et honneste dame », comme eût dit Brantôme, s'ennuie, parce qu'on s'ennuie toujours quand on a quitté Paris.

Mme de Staël, fille d'ancien ministre, femme d'ambassadeur, ne se pouvait consoler de n'avoir plus licence, en son exil, de traverser son ruisseau boueux de la rue du Bac.

Donc, Mme la Préfète s'ennuie en son Angoulême de province. Aussi songe-t-elle à se créer un petit Paris à domicile et à s'évoquer des Corneille et des Racine en son Versailles préfectoral, comme un Louis XIV en jupons.

Aussi installe-t-elle en son petit salon à elle son poète favori du crû, le jeune et séduisant Chardon. Mais bientôt la catastrophe arrive. Le Chardon veut aller droit au suicide. Il est sauvé par Vautrin qui l'emmène à Paris, où le grand homme de province va servir à Balzac de sujet d'observation dans un monde nouveau. Le Chardon d'Angoulême sera devenu Lucien de Rubempré pour le boulevard des Italiens.

Voilà bien l'exemple d'un large mouvement de

personnes et de situations. Le père Séchard, illettré
rude mais retors, a fait instinctivement fortune.
Son fils David, instruit mais à détrempe, est envoyé
à Paris, revient au pays et arrive fatalement à la
faillite. Le beau-frère de David Séchard, le jeune
Chardon, poète attitré de la Préfète en sa préfecture,
se masque du nom fantaisiste de Rubempré ; il est
dans la main de Vautrin.

Lucien, littérateur romantique, arrive à Paris. Que
va-t-il tenter ? Il va s'essayer à l'âpre ambition du
Parvenir. C'était la seule perspective ouverte. Balzac
son créateur et Vautrin son guide vont la lui dérouler aux plus amples horizons.

On ne vient point à Paris pour s'y mettre à édification sainte, ou s'y donner les mérites des œuvres
pies ou des mœurs irréprochables. Dans Paris, la
nécessité première est de se tremper à toute épreuve.
Le difficile est de s'y vigoureusement recueillir. Qui
devient réellement maître de soi, dans ce Paris qui
vous tourne et retourne en tous les sens, qui vous
triture en vos fibres les plus secrètes, qui vous affole
en vos pensées les plus intimes, n'a plus risque de
rencontrer force humaine qui le dissolve ; on se
fatigue mais l'on monte ; on se brise l'âme et le
cœur, mais la volonté reste ; le hasard et la chance
aidant, on parvient toujours.

Ceux qui sauveront l'humanité sont gens qui,
ayant traversé et subi le monde parisien, seront
demeurés debout et lui auront virilement et cons-
ciemment résisté.

Paris est la fournaise ardente où l'on dissout les
non-valeurs ; on y fond les métaux les plus résis-

tants, les plus précieux. Que les scories aillent aux déchets, le pur métal n'en brillera que d'un plus vif éclat.

Que peut faire Chardon à Paris? Il s'y dissoudra sous les apparences et espèces de son pseudonyme Lucien de Rubempré. Il ne peut être que poète, ce n'est là que fonction secondaire; ou journaliste, mais c'est là plutôt un passage qu'un aboutissant. Le beau Lucien a besoin d'une estampille, il ne la trouvera que dans le monde de la camaraderie.

Balzac, toujours clairvoyant et profond, a distingué deux ordres de camaraderies. La première est de perdition ou de stérilité absolue : c'est la bohème. La seconde, formée de gens solides groupés ensemble, vise au salut dans la réussite, et se propose le travail dans la production.

Chose remarquable, Balzac qui paraît ne pas s'occuper des principes de la Révolution, qui semble, pour ainsi dire, y demeurer indifférent et étranger, saisit à merveille les causes supérieures et profondes de ce mouvement unique. Il n'oublie pas de marquer de son sceau, à la vive empreinte, chacune des figures qui se sont revêtues de la caractéristique particulière aux événements formidables qui se promouvaient dans le vaillant cénacle de la camaraderie en ce temps-là.

Dans ce monde colossal de *la Splendeur et misères des courtisanes*, qu'on devrait lire tous les six mois pour bien comprendre Paris, Balzac, tout à coup, après avoir montré ces jeunes gens travailleurs, sérieux et sincères, fait surgir, d'inspiration, au premier plan, un homme d'étude, un homme d'analyse, un homme d'avenir, un type à part, celui de Michel Chrétien.

Balzac qui semble perdu dans les nuages, montre que, de son empyrée, il a importé en notre monde terraqué, toutes les lumières et tous les pressentiments. Il fait de Michel Chrétien le représentant, en 1832, des États-Unis d'Europe. Il en fait un républicain énergique, conscient, dévoué. Ce n'est pas un écrivailleur, un bavard, c'est un héros. Il se fait bravement tuer sur les barricades thermopyliennes du cloître Saint-Merry.

Michel Chrétien entre ainsi, sous l'auréole que Balzac met à son front avec le plus religieux respect, dans le grand martyrologe de la république universelle. La masse multitudinaire n'avait qu'un rôle de comparse ou d'attente à cette époque. Balzac a vu se dresser, dans leur foi et avec leur courage, des hommes vrais qui mouraient en témoignage de ce qu'ils pensaient être l'avenir dans la vérité, prouvant ainsi qu'ils étaient dignes de la vie et de l'immortalité.

Puisse la France produire encore des Michel Chrétien pour nous réhabiliter de nos hontes et nous relever aux yeux de l'humanité.

Balzac vivra parmi nous, parce qu'il a communié en la sainte eucharistie des esprits sérieux, honnêtes et dignes qu'il a su découvrir dans le monde de la camaraderie d'élite.

C'est lui qui nous montre, en l'un des plus délicats tableaux de sa gigantesque *Comédie humaine*, ces amis sincères, valeureux et convaincus allant, au milieu des cadavres, au milieu des exécuteurs et des

bourreaux, chercher ce grand cœur de Michel Chrétien, palpitant toujours en leur âme, pour le porter,
avec respect, au cimetière du Père-Lachaise et le
déposer pieusement au tombeau.

Balzac sent tout ce qui est véritablement grand,
tout ce qui est véritablement beau, tout ce qui est
véritablement d'avenir. Il ne se charge, à ce sujet,
ni de propagande, ni de prône. Il relève, il note et
il grave, sur ses tablettes d'airain, pour la postérité.

Ce n'est pas que notre Celte de droiture vise au
prophète ou au Merlin l'enchanteur. Il se contente
de peindre ce qui le frappe, le saisit, l'émeut, que ce
soit, d'ailleurs, de rassise froide ou d'enthousiasme
chaleureux. Il se réduit au rôle modeste de maître
écrivain qui décalque à merveille ce qu'il a vu ou
deviné. Quand des civilisations, pareilles à celles
qu'il nous a décrites, manifesteront l'intention d'arrêter les pensées supérieures de devoir et d'activité, de conscience et d'avenir, on n'aura qu'à leur
signifier leur certificat d'impuissance en leur disant :
« Balzac a parlé. Il a écrit votre testament mortuaire,
il est dans ses œuvres, il y est pour jamais, lisez-le ! »

CHAPITRE V

LES POUVOIRS

« Les attractions sont proportionnelles aux destinées », disait, en son temps, Fourier, le visionnaire des plus hauts aperçus des harmonies sociales. En cette maxime profonde, le puissant créateur de la *Comédie humaine* communiait avec le sens si éminemment français du Cyrano de Bergerac phalanstérien.

Utiliser les passions, leur assurer un libre et entier développement de manière à ce que toutes servent et aucune ne nuise, associer les facultés et les forces, tels sont les points d'appui de la découverte sociétaire, les fondements de l'édifice de Fourier.

Sur ce simple exposé qu'on lui présente, Balzac, toujours aux écoutes de ce qui bruit aux entrailles de notre France qui se doit maintenir en éveil, même quand on rêve ou qu'on délire autour d'elle, entrevoit dans l'illustre inspiré de la doctrine sériaire, un esprit de sa trempe à lui : Intuitif comme il l'était, le penseur de Touraine se sent de pair avec le songeur de Franche-Comté.

« Quand Fourier n'aurait que sa théorie sur les passions, écrit-il dans la *Revue Parisienne*, il est digne de la plus sérieuse attention. Sous ce rapport.

il continue la doctrine de Jésus qui a donné l'âme au monde, cette âme dont les passions sont les mouvements. »

Balzac est très insuffisamment connu par le temps présent qui le suppose endormi, soporifique et quelque peu songe-creux en son allure. Ah! bonnes gens de l'heure courante, que vous êtes loin de compte avec notre sémillant et si avisé Tourangeau.

« Or esbaudissez-vous, mes amours, et gayment lisez *tout*, à l'aise du corps et des reins, et que le maulubec vous trousque si me reniez après m'avoir lu. Ces paroles sont de notre bon maître Rabelais, auquel nous devons oster notre bonnet en signe de déférence et d'honneur, comme prince de toute sapience et de toute comédie! »

Vous le voyez, Messieurs; veuillez ne le point oublier, Mesdames, Balzac avait le café gai et son œil était clair. La nicotine lui demeure étrangère; la morphine oncques ne toucha le plus fin bout de ses nerfs. Aussi n'a-t-il pas manqué d'apercevoir que, si la société existait, elle devait avoir des gardes. Cela le conduisait de plain-pied au champ réservé et peu pénétrable des Pouvoirs.

Par cela même que la Révolution gronde aux bas-fonds de son volcanisme souterrain et pousse en surface les tourbillons de ses trombes et de ses atmosphères, il appert que les pouvoirs de jadis s'affaissent ou s'épuisent, se dissimulent et se dérobent. De ce chef, il y a lacune d'un côté, mystère de l'autre.

Balzac ne s'abusait aucunement sur cette situation caractéristique qui surgit de toutes parts sous la poussée ou les compressions de la crise contemporaine.

En présence de ce colloque redoutable qui s'est engagé, sur le sol de notre France prédestinée, entre le passé qui a ses raisons d'être et l'avenir qui porte, en des volontés d'hommes et des cœurs de femmes, ses principes de dégagement, notre Barde, sans peur et sans reproche, n'éprouve ni terreur affolante, ni défaillance de vertige. Il regarde, il interroge, il se recueille et il attend.

Il a compris que tous ces mondes qu'il traverse, qu'il décrit et qu'il juge, sont soutendus à la base par des pouvoirs secrets, cachés. Des vigueurs latentes, des ressorts occultes rivent et boulonnent ces assises inébranlables de la société qu'ils animent en lui communiquant leurs forces autorisantes et en lui incrustant les plus inflexibles tenances de raison d'État.

Le temps présent, entraîné à courte haleine dans la sarabande assez mesquine de ses petites sauteries politiques, imagine qu'on n'a besoin, pour se régler le pas, que d'une cadence de bourrée d'Auvergne, d'un roulement de tambourinaire de Provence ou d'un simple son de trompette de régiment, laquelle ne saurait être celle du Jugement dernier.

Le droit divin, vieille perruque! La raison d'État, balançoire d'antan! Le droit de conquête, croquemitaine déplumé dont les enfants des bataillons scolaires feraient camisette. Holà! là! Ainsi se mène le rigodon officiel du : laïque et obligatoire. Qu'on se le dise! Vivent la joie et la liberté!

Balzac, bien que sérieusement gai, était loin d'avoir jarret si preste et tour de pied aussi accommodant. Il sentait que Dieu se réserve son droit au-dessus de ce monde. Il ne se laissait pas d'avoir soupçon que la Maîtrise a toujours quelque raison d'État en rattache ici-bas.

Il avait vu la France se chanter : victoire et conquête. Il avait gémi de rencontrer en sa ville natale les soldats étrangers triomphants.

Le temps présent a été assombri du même spectacle; mais un simple pivotement sur talon rouge et ça n'a plus été que bluette épisodique.

Cinq milliards de rançon, deux provinces perdues, les frontières entamées, ce n'est là que malechance du moment! Au tintement métallique de nos écus, on nous a chanté le *Libera!* En avant la musique! deux couplets de *Marseillaise* et nous voilà au beau soleil de messidor.

Assurément Balzac n'eût pas eu la contredanse si facile. A Chaillot! Balzac! N'en faut plus.

Ah! si vraiment il en faut encore, et beaucoup plus qu'on n'a cru devoir en prendre jusqu'ici. Lui seul est resté debout dans son œuvre, pour que la France se tienne en éveil sous le fouet cinglant qu'il a fait si magistralement claquer aux oreilles des contredanseurs déjà quelque peu dégingandés de son temps.

Balzac, loin de vaticiner sur le galoubet nasillard des politiciens de son époque, suit au plus près la trace des pouvoirs effectifs de la société; aussi va-t-il droit scruter les plus tortueux labyrinthes de la police dont Vautrin a reconnu la toute-puissance, et dont le baron de Nucingen lui-même ne va pas hésiter à invoquer la fort salutaire protection.

Le personnel de la police traverse tous les mondes, bien que, d'une manière patente, il n'y soit pas ouvertement reçu. Il en est de même pour tous les pouvoirs véritables, on coudoie parfois leurs agents, on s'achoppe aux porteurs de leur livrée dans la chambre ou dans l'antichambre ; quant à leurs vrais et solides tenants, on ne sait trop où les prendre ; on saisit les figures, par à peu près, mais on n'a nulle licence de dénouer les cordons des masques.

Balzac sait, d'intuition souveraine, que les dieux ne cavalcadent point au bois de Boulogne et qu'ils ne viennent pas jouer de la lorgnette dans une loge de l'Opéra.

Quand il médite en sa nuit de veille illuminante, il saisit d'un coup d'œil que les principes d'en haut ne se décalquent ici-bas qu'en leurs conséquences en apparences inverses qu'il faut nécessairement redresser.

C'est pourquoi la police, au fond, lui paraît supérieure au politicisme ; aussi est-ce en ses archives de fonctionnement caché qu'il s'insinue dès qu'il se veut mettre en quête des secrets courants de la raison d'État dans les Pouvoirs.

C'est la marche qu'il suit dans le vaste déroulement policier.

L'occasion est des plus élémentaires. Il s'agit de la velléité qui prend le potentat de la finance, le baron Nucingen, d'aimer la Torpille. Le souci du conteur, en éveil d'observation pour la France qui

aura besoin d'être renseigné un jour, est au contraire des plus fondamentaux.

Le tout-puissant maître de l'argent, le baron
juif de Nucingen n'est aux apparences qu'un simple
bourgeois de Palestine alsacienne. Il a eu la chance
heureuse de mener à bien trois liquidations qui ont
consolidé sa fortune.

Un simple bourgeois, Français de nature, eût été
fort empêché pour une liquidation première; il eût
été coulé à fond de cale s'il eût tenté de tirer feu
d'artifice d'une liquidation seconde. A soupçon de
liquidation troisième, notre compatriote pur sang
y eût été des galères ou d'une balle qu'il se fût logée
dans le cerveau. Pour un sang mêlé de Germain et
de Sémite, il n'y va qu'en bonne richesse et en tout
honneur.

Nucingen a conquis, en pleins sillons de France,
le territoire titré de sa patrie financière; il commande en roi de l'argent, en empereur de l'or.

Malgré tout, il se sent pauvre au cœur, ce Mar-
dochée de la richesse, il se sent presque en faillite
d'âme, ce Crésus hébraïque. Le malheureux! Il
s'ennuie; il a les millions tristes, il songe à les
ragaillardir. C'est aux feux électriques de la Torpille qu'il a désir et prétention de se réchauffer.

La chose irait de soi, s'il ne s'agissait que de
l'entrée triomphale de Jupiter-Plutus chez Danaé,
n'attendant pour ouvrir la fenêtre que le cliquetis
de la pluie d'or à la vitre. Il n'en va point aussi
aisément, parce que la Torpille n'est pas Danaé et
que l'averse du Pactole sera fermement interceptée
par Vautrin.

Néanmoins, sous la titillation d'amour, le juif a bourse et volonté tenaces. Il ne s'en aperçoit pas moins, dès qu'il se trouve en insécurité et en péril, que la force de l'argent et la puissance du coffre-fort ne constituent pas un pouvoir d'assise et de couverture.

Au fond, Nucingen, tout baron juif qu'il se proclame, n'est que tenant d'empire financier, et il voit se dresser devant lui, à armes égales bien que d'autre sorte, Vautrin, l'indomptable promoteur de l'empire d'instinct.

Le pouvoir réel, efficace, autorisant, n'est donc dans la main ni du juif de l'argent, ni du forçat des galères, chacun d'eux se menace du regard et de la dague. C'est la police qui, au nom des pouvoirs latents et suprêmes, va intervenir et mener la partie entre les deux jouteurs.

C'est le juif qui, se sentant menacé, appelle, pour se couvrir, toute la police à la rescousse. Mais Vautrin, lui aussi, connaît les limiers, le baron n'aura qu'à se bien tenir.

Le monde de la police attenant aux pouvoirs, Balzac ne l'examine qu'à son rang et à l'heure prescrite. Chacun des policiers a sa marque.

Il en est un qui livre, sans détour, le secret de la Comédie. Celui-là travaille à la bonne franquette, il a sa médaille de reconnaissance dans sa poche, et il dit simplement en la plus sincère franchise : « Je suis le gouvernement. »

Pour Balzac, et il a profondément raison, la police, c'est le gouvernement; l'une étant la face cachée du pouvoir, l'autre n'étant que sa face visible pour la montre. Le pouvoir est donc d'une autre nature, d'une autre essence que la police et le gouvernement.

Il est certain que le gouvernement se sert toujours de la police ; il n'est pas si sûr que la police serve toujours le gouvernement apparent et ayant cours.

Aux yeux de lynx de l'ancien clerc d'avoué, gouvernement et police sont chiens de garde de la maison inconnue et peu pénétrable où s'abritent les pouvoirs qui donnent droit de courre sur les gens qui s'attardent ou qui devancent, sur quiconque ne se maintient point au rang de l'alignement préétabli.

Nucingen, juif, baron et millionnaire, a droit d'appel à la meute policière et à la maréchaussée gouvernementale. Vautrin, en sa contre-partie d'agression ou de défense personnelle, ne fait appel qu'à son instinct, inexorable, criminel au besoin, de bandit, de sauvage, de fauve, de hors la loi qui se sent toujours sur un champ d'extermination et de bataille.

Société, veille à tes chiens de garde ! Nucingen tapis-toi derrière l'escouade policière ! Sinon l'abbé Herrera ne fera qu'une bouchée du baron juif, et la bande à Vautrin pourra faire sa trouée dans la maison !

Balzac a mis en présence ces forces redoutables au cours des péripéties les plus saisissantes de la Comédie humaine. Il avait décision de mettre chaque terme à révélation irrécusable, il a sondé le fond et le tréfond de l'organisation sociale, il a vu le dessous et le dessus du panier du politicisme et de la civilisation.

Du moment que la France, la plus agitée, la plus incitée des nations, aura éveil vis-à-vis des pouvoirs qui l'utilisent ou qui l'éprouvent, il y aura, parmi nous, plus de souci de comprendre et moins d'entraînement pour subir.

Le temps présent est mal prévenu de ce qui l'influence et de ce qui lui donne licence. La Comédie humaine nous sort assez violemment des conventions de surface et des sensibleries de commande. Balzac ne tient pas fioles et burettes d'élixir charlatanesque, sa médecine pratique s'étiquette de cette maxime tonifiante de l'hygiène populaire : « Ce qui est amer à la bouche est doux au cœur. »

Balzac n'a nulle confiance aveugle aux représentants en commandite de la gouvernementation parlementaire et budgétivore. Il sait qu'il y a des couloirs de détournements aux ministères comme il y a des coulisses de détroussement à la Bourse. Il est pertinemment convaincu que, sous la louche institution de la police, on peut relever autant d'yeux d'Argus que de termes d'argot.

La protection du roussin ou du mouchard, pour emprunter le langage assez crûment irrespectueux du populaire, veille sur tous et, au besoin, à l'encontre de chacun. La société prend ses argousins pour des pouvoirs impeccables; la civilisation s'accommode, on ne peut mieux, de l'infaillibilité plus ou moins maculée des agents des mœurs. La préfecture de police apparaissait à Balzac, moitié sanctuaire, moitié palais.

Aussi sous le benoît couvert des Sartines dégénérés de notre époque progressive, l'impresario de la Comédie sardanapalesque, en la Babylone moderne, nous fait défiler le long cortège de personnages toujours les mêmes, quel que soit le pouvoir qui retienne ou relâche la ficelle.

Sous tous les régimes de gouvernement, c'est toujours même va-et-vient de comparses ou de premiers rôles; c'est toujours un régisseur similaire qui est le metteur en scène, soit pour les accessoires, soit pour les décors : côté cou, côté jardin.

Dressez portants, disposez châssis! Que les faux horizons se vaporisent; que les plafonds se fixent! Déroulez tapis! Placez consoles pour qu'on s'accoude, glaces pour qu'on se mire, fauteuils pour qu'on se carre, causeuses pour qu'on s'abandonne, canapés pour qu'on s'étende. Les trois coups se frappent. Au rideau ! au rideau !

La toile se lève avec un lenteur majestueuse, ouvrez à quatre battants; la civilisation reçoit à domicile, la société se met en frais de gala.

Entrez, passez et classez-vous, gens de mince conscience, de but médiocre et de petit devoir; Balzac vous a marqué au front du signe de votre insuffisance; allez, chacun sait, grâce à lui, que vous vous entre-heurtez en essayant de vous poser les uns devant les autres, avec le ferme propos de vous nuire et de vous oublier réciproquement, tout autant qu'il se pourra.

Il y a dans ce monde des gens qui semblent de trop et qui disparaissent épuisés, usés et vannés, comme on dirait sur les hauteurs ultra-faubouriennes de Belleville. Balzac a assisté à leur agonie lente ; il a recueilli avec soin le dernier râle d'ivresse où ils ont noyé leur esprit, le dernier hoquet par lequel ils ont rendu leur âme de blasphème ou d'abêtissement.

Ils n'en sont pas moins là à côté des autres qui semblent avoir la vie plus longue et plus résistante, tous n'en iront pas moins à la même vallée de Josaphat du grand fossoyeur.

Prenez qui vous voudrez au milieu de ces types, choisissez qui bon vous semblera dans la cohue de tous ces mondes, hommes ou femmes tous se tirent au robinet du même tonneau.

Critiques, financiers, militaires et juges, les Vautrin, les de Marsay, les de Trailles, les la Palférine et tous les autres, ils sont de même eau et de même courant. Tous s'appendent en grappe aux volutes architectonique de l'ordre social.

Tous ont leurs frondaisons plus ou moins plantureuses, leur efflorescence plus ou moins luxurieuse ou luxuriante au couronnement d'une vasque de Chine ou d'une porcelaine de Sèvres où ils poussent les jets de leur plus arborescente civilisation.

A la table où ils banquettent à bouche que veux-tu, tous, hommes et femmes, se disputent les meilleurs morceaux de la venaison rare et des fruits savoureux. Personne, au milieu de ce pique-nique de haute liesse ne se demande d'où sortent les produits, d'où vient la richesse. Vampires élégants et habitués de longue date à s'édulcorer les suçoirs et à se pourlécher les lèvres, ils ont des pouvoirs absorbants et ils en usent.

Ils boivent à grandes lampées le nectar de Bourgogne et l'hypocras de Champagne. C'est une tisane de sang et de larmes qu'ils sablent joyeusement et se font verser dans des coupes d'or.

Ces fils de famille, ces femmes de joie semblent ignorer qu'ils ont sous le même ciel et sur la même terre des multitudes qui vivent alanguies et dont ils hâtent le dernier soupir. Buvez, Messeigneurs, chantez Sirènes, la civilisation se fane et la société poussera ses ramures aux saisons prochaines.

Malgré les gênes et les entraves qu'on lui impose, le travail et la production sont l'âme et la sève de l'humanité.

Donc, en le temps présent, c'est le civilisé de toute zone, de tout climat, de toute couche qui s'amuse et folâtre.

Monte, joli jeune homme, on t'en donnera pour ton argent! Le Paris bonne fille a le trottoir facile; le cabinet particulier est de la plus accommodante et payante hospitalité.

Le Paris bon garçon est d'humeur plus ombrageuse; il a l'outil plus rude et l'atelier moins rémunérateur. Il travaille ce Paris-là et, de conscience instinctive, toute la province de France compagnonne toujours quelque peu avec sa capitale sur ce terrain sérieux du patriotisme et du labeur.

Venez donc, si tel est votre plaisir ou votre fantaisie, milords et boyards, rajahs ou Brésiliens de toutes sortes. Accourez au derby de grande trotte, Yankees de New-York ou pachas du Caire ou de

Constantinople, Balzac a prédit votre invasion. Nos Français de la décadence ont été d'agréables viveurs, vous, les forains surbaissés de la richesse, vous inaugurez l'ère des noceurs lugubres.

Que la France se tienne en éveil vis-à-vis de tous ces débardeurs de la griserie cosmopolite. Le juif aura beau râcler tous les tapis verts de l'Internationale avec son râteau grinçant de croupier universel, Balzac a écrit pour le temps présent non moins que pour celui qui va suivre. La nation, d'initiative dans son génie et de dévouement dans sa race, ne veut plus qu'on la berce, elle n'a plus besoin de dormir.

L'invention, le travail, l'épargne, demeureront qualités maîtresses du pays de Descartes, de Dombasle, de Jacquart, de Balzac; et, de par Dieu, qui vivra verra!

Il semble que Balzac, en se mesurant, de prescience, et comme de sur inspiration, avec les pouvoirs qu'il sentait d'autant plus en profondeur qu'il s'était convaincu qu'on ne les rencontrait aucunement en surface, se soit, en christ bénévole, chargé les épaules de toutes les lourdeurs accablantes de la société et qu'il se soit abreuvé l'âme du fiel et du vinaigre que recèle, au fond, la coupe pleine du plus amer regoût de la civilisation.

Balzac constatait, tout le long de la voie épineuse où il cheminait, le manteau du poète à l'épaule et le laurier du Virgile dantesque à la main, que ce monde est faux dans ses assises et vacillant en son faîtage.

La Comédie est lugubre parce que partout c'est

le pouvoir fatal de Mammon qui souffle ses effluves brûlantes du Sahara ou ses pestilences fiévreuses de marais pontins. Le pouvoir de providence semble déserter la terre pour remonter aux plus hautes réserves de l'empyrée divin.

Notre ciel est sec et le sol qui nous porte se marbre de gerçures écailleuses ou se creuse de fissures inquiétantes.

Gobseck semble avoir mis à ras sol tous les palmiers de nos espérances. La maison Nucingen paraît avoir mis embargo sur tous les points rafraîchissants en nos oasis de foi et de charité. On dirait que les tribus d'Israël s'acharnent à nous refouler au désert sans manne et sans oignons d'Egypte, depuis qu'en émancipant le monde, sans distinction de races et de types, nous leur avons libéralement ouvert les portes infamantes de leur séculaire ghetto.

Sous la conduite de Moïses de contrebande ou d'Esdras de remontée seconde les Juifs, au pouvoir fatidique, marquent velléité de palestiniser la France qui relève du pouvoir triplement providentiel de saint Louis, de Jeanne d'Arc et de la Révolution.

On s'explique combien Balzac a dû gémir avec douleur, tout en affectant la sérénité impassible, quand il a reconnu, de par Gobseck et de par Nucingen, que la Judée moderne, implantée aux plus droites fondations de notre maison de France, nous a préparé une gouvernementation à sa guise, dotée d'une police à sa commande et encerclés d'une opinion publique de sa façon.

Dès lors, Balzac a saisi, en le laissant deviner à qui le saurait comprendre, pourquoi des conditions si dures de vie économique nous étaient faites; pourquoi les plus rudes épreuves nous étaient ménagées au milieu de notre société. Aussi notre si clairvoyant indicateur s'est-il senti le cœur navré en découvrant, sous la malfaisante ingéniosité de ce pouvoir occulte, tant de puissance gaspillée en pure perte, tant d'esprits aux abois, tant d'âmes en peine, tant d'instincts qui craquent et de têtes qui s'affolent.

Certes, notre guide suprême, si librement inspiré du pouvoir de providence, entrevoyait la naissance d'un jour nouveau de haut relèvement et de rédemption sainte. Mais ni les Vautrin, ni les de Marsay n'avaient mission d'en faire lever l'aurore; Gobseck et Nucingen gardent toute puissance de refaire incessamment la nuit en notre ciel, pour maintenir leur crépuscule à eux sur notre terre, éternellement enténébrée par la projection continue de leurs fausses lueurs en toutes les aberrances de notre sphéricité.

Balzac, pour abuser, en son temps, les séides farouches de Moloch et les âpres tenants de Mammon, a fait, devant eux, une large parade de la foire. Il s'est complu, en conspirateur habile et avisé, à battre la chamade sur les tréteaux de la baraque sociale pour assembler les passants.

Pendant qu'il amusait les badauds aux bagatelles de la porte, il faisait entrer, dans l'intérieur de la loge, les véritables connaisseurs, ses vrais amis.

A la foule ébaubie les pitres de la grimace, les fantoches de la faribole et du lazzi. Derrière la toile sont mis en scène les grands types de la signifiance qui seront transmis avec soin aux générations de plus tard.

A la foule bouche béante et nez en l'air, sous la contrainte tranquillisante d'une maréchaussée qui se divertit elle-même ou bâille aux corneilles, les coups de pied de Jocrisse ou les coups de batte d'Arlequin !

Aux invités de l'intime, l'initiation de réserve et d'élite, loin de la police qui louchonne ailleurs, pendant qu'on prépare en la plus large orchestration et au plus petit bruit, la mise en éveil de la France.

La farce est finie, le tour est joué. On n'a pris d'argent à personne. La représentation est gratuite au dehors, très fructueuse au dedans. Les lumières s'éteignent, l'attroupement se dissipe, « la maréchaussée remise son fiacre », dirait Gavroche. Tout est bien qui finit bien.

Si les forains du dehors n'ont eu que boniments mirifiques, s'ils n'ont vu que la danse des ficelles et le trémoussement des pantins, les avertis du dedans ont appris que la Comédie a ses acteurs animés et vivants, instinctifs ou réfléchis.

Sous ces âmes fausses, sous ces instincts bas, sous ces concupiscences monstrueuses il y a des hommes et des femmes, engagés dans la lutte à double courant du mal et du bien, sous l'inspiration du pouvoir fatidique de Mammon ou sous l'inspiration du pouvoir providentiel des influences d'en haut.

Comédie, drame ou tragédie, au plus fin déduit, tout cela demeure fictif. La symbolique n'en restera pas moins irrécusable et transmissible. Au-dessus

des mythes brilleront les principes ; sous les image-
ries variées se dérouleront les causes.

Balzac a déposé, parmi nous, pour que le temps
présent y revienne, pour que la France en éveil s'y
retrouve, les reflets lumineux de son empyrée d'intuitif et de voyant. Il a auréolé sa doctrine, si géné-
reusement chrétienne, de ces deux sentences qui
consonnent du ciel pour se répercuter à tous les
échos de la terre : « Il n'y a de bénédiction que pour
l'âme qui aime et qui console ; il n'y a de salut que
par la main qui soulage et qui produit. » Ainsi soit-il !

CHAPITRE VI

LES OUVRIERS

« L'Europe, a écrit Montesquieu, périra par les gens de guerre. » La prophétie du pénétrant magistrat est en bon train de s'accomplir. Du pôle à l'équateur, du nord au midi, de l'est à l'ouest du monde européen, ce ne sont que bruissement d'armes, cliquetis de sabres et de baïonnettes, roulement de mitrailleuses ou de canons.

Les régiments s'alignent par milliers, les corps d'armée se cadrent par centaines, soldats et troupiers se lèvent par millions. Quant à la guerre, sauvegarde argumentaire de la paix, ce sont les impôts qu'elle aggrave, les budgets qu'elle éventre et les milliards sonnants qu'elle dévore.

Papa Gobseck fait de grasses usures gouvernementales. La maison Nucingen a riches papiers de finance politique en ses registres et de beaux écus au bi-métalisme tout ruisselant d'or et d'argent.

Mais, si le voyant suzerain du château de la Brède a judicieusement prophétisé pour son époque, un haut et puissant ministre de l'aristocratique Angleterre, Gladstone, a dit, en pleine tribune du Parlement britannique :

« Le présent siècle est celui des ouvriers! »

Or le vieux jouteur du parti libéral anglais s'est mis lui-même à la tâche, ingrate mais significative, de libérer territorialement nos Celtes infortunés de la prolifique et toute prolétaire Irlande, et il connaît de cœur et d'esprit tout ce que recèlent de misères et de hideurs les *work-houses* et les ateliers.

De ce côté, également, la prophétie prépare son accomplissement ou dans les cryptes souterraines ou dans les éclatements du plein jour.

Balzac, en son temps, entrevit la situation en toute sa signification initiale. Le temps présent ignore que notre Celte de génie, notre grand Français de son âge, ce puissant perceur d'isthmes au milieu des déserts de la Civilisation ou à travers les montagnes de la Société, eut toutes les compréhensions de la politique quotidienne et toutes les survisions de la question sociale en ses plus prémonitoires lueurs.

En 1840, sous le ministère du Thiers des massacres de la rue Transnonain, du Thiers qui, sous la double pression de la quadruple alliance et des intrigues de l'austère Guizot, allait être contraint de remettre en poche le petit turlututu de fausse bravoure qu'il s'était embouché aux lèvres, en guise de trompette guerrière, Balzac écrivait, à la *Revue Parisienne*, cette déclaration significative : « La royauté, jeune ou vieille, est un principe qui s'en va ; la bourgeoisie est un principe qui s'élève, et M. Thiers n'est pas un homme, c'est un système : celui du gouvernement bourgeois. Aujourd'hui la royauté n'est puissante que par le mal qu'elle peut faire. Elle peut, en ayant toujours à elle un, deux ou trois ministres, s'opposer à des mesures, briser des ministères. Son pouvoir agit par la négation et non par l'activité du vouloir. Nous pouvons toujours compter sur l'impuissance de la France tant que dureront ces débats, intérieurs. Les autres Cabinets (des gouvernements étrangers) sont extrêmement intéressés à entretenir la maladie du gouvernement parlementaire, petit chancre qui, avec les communistes, les égalitaires, les légitimistes, les Napoléoniens et la sottise électorale, empêchera tout progrès de la France. »

La leçon ne vise-t-elle pas à plus droite oreille le temps présent? Qu'on songe que pour Toussenel, l'élève de Fourier, le spirituel conteur du *Monde des oiseaux*, les juifs étaient alors, déjà, les Rois de l'époque! Qu'on veuille bien avoir attention qu'un critique en l'économie sociale : Chirac, vient de qualifier publiquement les juifs et leurs tenanciers de la finance : Rois de la République, qu'on ait égard au coup de mitraille tiré à brûle-pourpoint dans *la France juive* de Drumond, et si l'on n'y voit goutte ce ne sera pas faute d'avoir chandelles et lumignons!

Si, selon l'expression de Balzac, la royauté *n'est puissante que par le mal qu'elle peut faire*, si son pouvoir agit par la NÉGATION et non par l'activité du vouloir « *Teneo lupum auribus* » le Juif-Roi, la royauté financière, sont pris la main dans nos poches et en grattage malfaisant de nos vieux et héraldiques papiers de tradition.

Et Balzac continue comme s'il était surnaturellement assis sur le trépied sacré de la Sibylle : « Ceci est le secret des dix-neuf ministères que la France a eus depuis dix ans. M. Thiers n'est pas aussi rageur que M. Périer, il n'est pas aussi simple que M. Laffite, lui, le gamin sérieux de jadis, il ne pleure que pour son sompte, nous aurons ici des scènes curieuses. »

Quelle saisissante actualité pour le redressement de la France en éveil! Le territoire national est libéré du Thiers de la décadence, mais nous n'avons pas libération des rois de la maltôte au dedans et nous avons toujours menace des routiers et empereurs forains du dehors.

Voilà comment le Balzac de la Comédie humaine jugeait la politique parlementaire de Louis-Philippe. Voyons, maintenant, pour en revenir aux ouvriers, les acteurs, pour ainsi dire innominés du présent siècle, ce que le tourangeau de toute sapience, pensait de la question sociale que la Révolution de 1830 avait fait sortir des nimbes, comme celle de 1848 devait la conduire à l'Hôtel de Ville et la faire asseoir sur les banquettes du palais du Luxembourg.

En la même année 1840, le 20 août, le fin critique de la *Revue Parisienne* continue à toucher les cordes de ce clavecin politico-social dont il avait un si délicat doigté.

Il venait de fouailler, en magister de haute école, la cuistrerie si platement prétentieuse de Sainte-Beuve; il écrivait du même trait de sa plume acérée et mordante à une Comtesse de sa connaissance, qui était peut-être parente de Mme de Maufrigneuse, si vous le voulez bien!

« Madame la comtesse.

« Puisque j'ai commencé ma lettre par un de ses livres décorés, à tort, de titres graves (il s'agissait de l'*Histoire de Port-Royal*), car vous voyez qu'ils ne laissent pas d'être pleins de plaisanteries, je finirai par celui de Louis Reybaud, qui s'est contenté d'être purement et simplement ennuyeux et dont on peut dire, comme Rivarol des petits traités littéraires de d'Alembert : « Tout le monde ne peut pas rester sec. » M. Louis Reybaud n'a pas publié son livre sur les réformateurs contemporains dans une autre intention que d'être un de ces hommes graves qu'on se hâte de placer; son ambition est modeste, il ne veut, sans doute, qu'être membre de l'Académie des Sciences morales et politiques, qui est le lieu de déportation inventé pour ces esprits-là. Une fois là, les hommes graves se tiennent tranquilles, ils se gardent bien d'y admettre les profonds penseurs qui remuent leur siècle. MM. de Lamennais, Pierre Leroux n'en sont pas. Si Fourier, si Saint-Simon vivaient, ils n'en seraient point. M. Louis Reybaud en sera. L'ouvrage de M. Reybaud n'est pas un livre, c'est une spéculation et il mérite d'être traité comme tel.

« Les Provençaux ont un esprit ingénieux et inventif qui les sert admirablement. M. Reybaud, qui est de Marseille, a très spirituellement fait passer, repasser et trépasser, sous les yeux du public, ses idées sur les réformateurs, pour lui faire croire qu'il avait des idées, absolument comme les directeurs de théâtre font passer et repasser leurs douze comparses d'une coulisse à l'autre pour simuler une armée.

« Dans quelque temps, l'habile Marseillais sera reconnu comme un défenseur de l'ordre social, un homme moral et profond, un pourfendeur d'innovations; il aura la croix d'honneur! Voilà le petit train des affaires en France et par quel chemin couvert arrivent les gens médiocres dont le type est assurément M. Louis Reybaud.

« L'ambition permise et assez modeste de l'auteur a fortement influé sur le livre. L'ouvrage est, en partie, composé de biographies de Saint-Simon, de Charles Fourier, Robert Aven, qui sont, non seulement au-dessous de ces hommes, mais encore au-dessous de la littérature courante achetée par les libraires qui entreprennent des biographies universelles. C'est sec, froid et aride. L'auteur ne nous a donné ni le portrait physique, ni le portrait moral de ces hommes ou fameux ou célèbres. Quand un homme grave met sept ans à étudier les réformateurs contemporains, on est en droit de lui demander une analyse complète, patiente, étendue, des œuvres d'hommes tels que Saint-Simon, Fourier, Aven. M. Reybaud n'a pas gambadé autour de ses messieurs comme Sainte-Beuve autour de ses vieux cadavres; mais, comme il avait à se présenter à ses futurs confrères en homme moral, il devait condamner ses trois victimes, les offrir en holocauste à l'Académie des sciences morales et politiques, comme il leur sacrifie, de temps en temps, un écrivain, George Sand ou tel autre, prétendu immoral. Les saint-simonniens se sont éteints au grand jour de la Cour d'assise. M. Reybaud ne pouvait donc sacrifier que des morts. Mais n'était-ce pas alors le cas d'expliquer la maladie de la France?

« Le mal de ce temps est l'insubordination des esprits. Un jeune homme de vingt ans, au sortir du collège où il jetait des boulettes à son professeur, lance des bons mots contre un ministre, attaque un grand poète, un grand écrivain, un homme d'État en lui criant : « Ote-toi de là que je m'y « mette! » Le défaut d'issue pour les ambitions, que le talent autorise, légitime tous les désirs. Tous les jeunes gens essayent alors de se faire faire une place ensemble. Il n'y a plus en France ni dignité, ni dignités. Aucune position ne couvre son homme. La presse et la morale de 1830 vont plus loin que le niveau de Robespierre : au lieu d'égaler, elles ravalent. Hélas! gens moraux, sycophantes, vous apprendrez à vos dépens que la morale n'est pas plus la religion que le fait n'est le droit. »

Se figure-t-on le temps présent entretenant de ces homélies tyrtéennes à une comtesse de Val-Travers ou une marquise de la Haute-Tourelle de nos salons cosmopolites ou de nos Five o'clock internationaux! Balzac n'hésitait pas à adresser sa verte prose de critique, renseigné et respectueux de toute intelligence sympathique et commisérante aux duchesses de Lanjeais du noble faubourg qu'il savait apte à consonner d'esprit et de cœur aux vrais sentiments de la France à la fois surnationale et populaire.

De la même encre, le preux journaliste d'occasion

découvre ce qu'il dénomme carrément le *parti vo-leur*, lequel brasse habilement les affaires, joue à la Bourse et réalise des bénéfices énormes en alimentant la politique violente de ses journaux pour effrayer tous les spéculateurs qui ne sont pas dans le secret.

Aujourd'hui toutes ces pasquinades néfastes et ruineuses ne sont plus que flambée de fagots de la Saint-Jean et que Ponts-Neufs macadamisés à l'usage des trottins de la corbeille et de la coulisse boursières.

Le parti voleur s'est hissé de statue ayant en bas-relief de son piédestal olympien Robert Macaire et son fidèle Bertrand. « Sauvons la caisse! » disait Bilboquet dans *les Saltimbanques*. « Cette malle de Golconde et du Potose, elle doit être à nous! » s'écrient les saltimbanquistes du report et du fin courant.

Vous nous en contez de trop bleues! Remettez au tiroir vos couleuvres de caoutchouc ou de baudruche! clame d'une voix le chœur des incrédules et des *non sachants*. Vous ne nous ferez pas enfiler vos perles, nous n'avalerons pas de pareilles bourdes reptiliennes! Balzac est noble de sang, catholique de baptême et royaliste de consécration. Il a pu se gausser de M. Dosne-Thiers et des favoris de *Madame mère*, la Catherine de Médicis de ce gendre unique qu'on ne pouvait épouser impunément, disait une femme spirituelle de ce temps-là. Mais où prenez-vous, qu'à part la triquée de bois vert qu'il a administrée à des plumitifs de son espèce, comme Sainte-Beuve ou M. Reybaud, il ait eu le moindre souci des prolétaires et de leur turlutaine de socialisme de cannibales ou de songe-creux? Prononcer, en passant et comme en se jouant aux barbes de la plume, Schiboleth de ces trois anabaptistes de la réformation sociale : Saint-Simon, le descendant de Charlemagne; Fourier, le petit saute-ruisseau de boutique; et Oyen, l'habile et utopiste industriel anglais, c'est frasque de boulevardier qui se désœuvre et non prouesse de barricadier malpropre et aviné. Les ouvriers ! Jamais le Balzac de la fantaisie et du rêve n'a prononcé leur nom et mâché leurs cartouches d'insurgés ou bu leur petit-bleu sur le zinc de sa littérature de grand seigneur et d'aristo!

Eh bien, ne vous en déplaise, prud'hommes très illustres et conservateurs très précieux, pour employer les expressions de maître François Rabelais, son compatriote et compère en drôleries singulières, Balzac a placardé, un beau jour, ou peut-être en une claire nuit, ce manifeste flamboyant et tirant l'œil :

SUR LES OUVRIERS

CHŒUR DES AMIS DE L'ORDRE

« Qui êtes-vous, vous qui nous attaquez? Les fauteurs du danger et de l'anarchie, les ennemis des lois et du pays, les perturbateurs acharnés de l'ordre public. Vous êtes de misérables agitateurs sans cesse occupés à chauffer, remuer et soulever les mauvaises passions. Il faut pourtant que l'ordre que vous attaquez avec rage et fureur se rétablisse; il faut des lois sévères pour vous tenir en bride.

« La révolte est toujours menacante, vous entretenez toujours l'hydre de l'anarchie, vous paralysez sans cesse l'action du gouvernement qui veut le bonheur du pays. Il faut bien le mettre à l'abri de vos tentatives révolutionnaires, il faut sauver l'État, sauver la France ! Il faut *intimider* les mortels ennemis du repos et de la paix ! Il faut les frapper d'une *crainte* salutaire sans laquelle le gouvernement devient impossible, il faut terrifier... finissons-en avec les factieux ! »

Tout cela se dit avec divers degrés de verve et d'éloquence, avec accompagnement de soldats, de fusils, de canons.

CHŒUR DES AMIS DE LA LIBERTÉ

« Ah ! que vous êtes bien des infâmes, vous qui vous prélassez au pouvoir et vous nourrissez des sueurs du peuple. Comme vous dévorez l'impôt ! Comme vous vous jetez sur les trésors arrachés à la nation, à cette malheureuse France dont vous sucez effrontément le sang et les richesses ! Vous êtes les ennemis mortels de la liberté et du progrès, de tout ce qui est bon et honnête. Vous vous engraissez là bien à votre aise, n'est-ce pas ? La place est bonne au pouvoir.

« Qu'avez-vous fait de vos principes vous qui vous disiez les amis de la liberté ? Vous les foulez aux pieds, maintenant renégats sans âme et sans cœur ! A vous les places ! A vous les honneurs et les richesses ! A vous d'opprimer par la force brutale et d'y joindre la ruse et la corruption, car tous les moyens vous sont bons, car vous êtes des gens sans moralité et sans conscience, car vous foulez aux pieds tout sentiment et toute justice. Ah! demander à des gens comme eux de la conscience et de la justice, autant vaudrait demander des moissons au désert, la vie à un cadavre. Holà! messieurs du pouvoir, il faut que cela finisse! Croyez-vous donc que le peuple que vous écrasez soit disposé à supporter encore longtemps votre honteux despotisme? Non, non! la mesure se remplit, elle sera bientôt comble et il faudra bien qu'elle s'épande. Le jour de la justice n'est pas loin. Allez, allez! vous n'êtes pas de taille à étouffer la liberté et, après tout qui êtes-vous! Une poignée de misérables et il y a contre vous toute une nation généreuse qui est faite pour la liberté, qui veut la liberté et qui crie : en avant! »

Ce chœur est accompagné de conspirations, d'embrigadement des ambitions mécontentes, de clubs, d'émeutes, de procès, de bourgeois tués, de soldats assassinés.

Ici l'afficheur réaliste a fait une pose et, après s'être assuré que le prospectus était bien à portée du nez du passant, du badaud, de la police, des curieux ou bien des pensants et mal lunés de politique, comme le Créateur de la Genèse, il a vu que c'était bien, et de l'accouplement du jour et de la nuit se mijota le fameux *grand soir* qu'attend, en son apocalypse retournée, tout le prolétariat contemporain.

Mais, comme selon l'expression charmante du

poète, une seule hirondelle ne fait pas le printemps, notre manifestant de carrefour saisit qu'une seule proclamation à double entente ne saurait firmamenter tout l'horizon de France, de Navarre et autres lieux. Aussi n'hésite-il point à y aller de tout son pot à colle et de toute la force de son poignet d'afficheur. Une pancarte nouvelle va s'étaler sur la muraille révolutionnaire et, du soir et du matin, se fera le dernier jour.

Lisez passants, accourez badauds, déchirez police! le placard est sorti de presse clandestine sur bon et solide rouleau.

« L'émeute des ouvriers est un épisode du drame auquel coopère depuis dix ans (1830-1840) le chœur que vous venez d'entendre. Assurément l'Europe a le droit de se moquer de nous et elle en use largement, attendu que le gouvernement actuel n'a rien de fixe, il y a eu dix-neuf administrations en dix ans.

« Or l'émeute des ouvriers n'est pas un fait isolé, c'est une maladie. Si vous avez enlevé cette tache rouge sur le corps politique, sachez-le bien, la maladie subsiste et il y aura quelque nouvelle éruption ailleurs, je ne sais où, quand? je ne sais pas (quelle perspicacité et en même temps quelle réserve!).

« Quand un intérêt en souffrance compte assez d'hommes froissés, il devient un parti. Rien ne peut empêcher les ouvriers, comme tous les autres prolétaires, de vouloir être rétribués plus qu'ils ne le sont. Le gouvernement n'a pas le droit d'intervenir entre le maître et l'ouvrier; il n'a que le droit de canonner dans les rues les masses ouvrières qui s'y rassemblent et y commettent des actes criminels. Or quand un gouvernement déploie des forces contre des masses, ce n'est pas la masse qui a tort, c'est, dans tous les cas, le gouvernement, même quand il est vainqueur. La réunion d'une masse quelconque est un acte d'accusatien contre lui, à lui de prévoir les besoins ! »

Le cockney n'en revient pas ! Gavroche fait, dans le dos, le pied de nez à la Rousse, il trouve que l'afficheur est un vrai zig et que le biribibi est rigolo.

Un vent de police a soufflé sur l'affiche, et oncques procureur du roi ou de la république ne se douta que Balzac fût pour quelque chose dans cette déclaration si gentiment truquée en la bonne ville de **Paris**.

Pure fumisterie de rapin en goguette ! Simple scie de Cabrion en quête de Pipelet à ébaubir et à cornemuser, risque le Jérôme Paturot du Louis Reybaud, ci-dessus nommé.

Mettez lorgnon et bésicles, cher monsieur Jérôme ! Le temps présent sait parfaitement d'où il vient, s'il ignore encore assez péremptoirement où on le mène et où il aboutira. Il a vaguement entendu dire que le 26 février 1848, il y eut pélérade d'éruption nouvelle, ainsi que l'avait prédit le rapin folâtre. On lui a narré qu'en juin de la même année les bourgeois et les ouvriers qui, en février, s'étaient installés, après combats, soutenus en commun, aux Tuileries, en écrivant sur une pancarte, cette maximation significative : *Mort aux voleurs !* s'étaient subitement scindés en deux camps, et que la mêlée avait été rude et sanglante, ainsi que l'avait préindiqué le Cabrion cornemuseur. Il sait un peu mieux qu'il y eût mitraillade au 2 décembre 1852 en plein boulevard des Italiens. Sa propre chronique de 1870 lui narre qu'on s'est cogné dur entre Français et Allemands depuis Wissembourg jusqu'à Patay. Il a noté, dans ses archives, que Paris avait subi double siège, et de par les Prussiens du prince Fritz et de par les Français de Mac-Mahon. Thiers a eu son Transnonain en grand dans la Commune pendant la semaine inoubliable de mai 1871. Depuis, le temps présent semble être redevenu Jérôme comme devant.

Les deux chœurs de l'affiche prétendue fantaisiste, demeurant de dialogue actuel depuis le Parlement de l'impératrice des Indes jusqu'au Reichstag de l'empereur de Germanie. On peut converser en cette causerie si politiquement bi-laïque depuis Saint-Pétersbourg jusqu'à Vienne, depuis Rome jusqu'à Madrid. Voilà pour le prospectus-programme de la première journée.

Quant au libretto de la journée seconde, nos ouvriers parisiens ont fourni la mise en scène. Fusil chargé à l'épaule, pavé de barricade sous les pieds, ils ont donné le *la* dans cette symphonie tragique des Titans soulevés contre les Jupiter intra ou juxta-olympiens des capitales ou des banlieues.

Que tous les Jérôme Paturot des Académies ou des Sorbonnes de ce monde et de l'autre en veuillent bien prendre leur parti, le branle est donné d'en-haut, et l'on ne saurait empêcher les profondeurs de gronder ou de gémir.

En Russie, l'on a gouvernementalement émancipé les serfs de leur glèbe communaliste et, par ressaut, toute la Moscovie se tend en propulsion militaire sur toutes ses frontières de l'Europe et de l'Asie. En coïncidence de partie ou de contre-partie, le nihilisme, en ces contrées lointaines, fait rage ou de la bombe ou des poignards. Les masses que Balzac avaient soupesées de la tête et de la main, ne sont donc ni un mythe de circonstance, ni une amusette de plaisantin.

Les hordes teutoniques ont fait craquer nos frontières sous la pression savante et méthodique de leur landwert aristocratique et populaire, ils ont élevé sur le pavois de Charlemagne leur bélier de conduite sous les lambris versaillais du Roi-Soleil. A peine le César de fortune est-il rentré de ses foyers en Agamemnon, pasteur des rois et des peuples, que ses sujets le tirent, au jugé, en sa propre garenne de Prusse, comme un simple lapin des champs.

Son Lancelot de Varzin le met en gibelotte laïquement épicée du Kulturcampf, quitte à le détremper religieusement en l'eau bénite de la bouillabaisse vaticanesque. Poivre et gingembre, sauce blanche ou étuvée, rien n'y fait. Les socialistes de la choucroute et de la bière se lèvent d'un même vote, comme de simples Tarteifle électoraux, à l'encontre de leur bon Gambrinus de la loi militaire et du Concordat.

La perfide Albion, bien capitonnée dans les plis et douillettes de son macfarlane mercantile, s'est voulu risquer au sirocco de l'Égypte et au simoun du désert soudanais. Les masses fanatiques, mais braves et décidées du Madhi, lui ont frotté les côtes de leurs bâtons noueux, depuis Kartoum jusqu'à Dongola.

Chez elle, les ouvriers se promènent en revivals fort peu rassurants et manifestent tumultueusement malgré grand renfort de constables et de sherifs. En plus, il y a l'Ile-Sœur qui ne se sent point en sort enviable et qui y va, bon jeu, bon argent, de son picrate et de son *rifle*.

Passez l'Océan! Suivez, sous le lampadaire colossal que la France a offert aux républicains de New-York en la figure du : Génie de la Liberté éclairant le monde! les mouvements de l'opinion et des intérêts là-bas. Vous reconnaîtrez que « le je ne sais où, le je ne sais quand », de Balzac, à propos du mouvement ultérieur des masses humaines, trouve là sa possibilité de localisation et déchéance.

En ce monde de démocratie à outrance, les chefs du parti ouvrier s'intitulent arrogamment : *les chevaliers du travail*. Ils ont groupements particuliers et logique générale. Le revolver n'est point pour eux simple armement de parade. Les Yankees n'ont pas l'âme tendre; le grand esprit des Peaux Rouges qu'ils ont chassés et tués comme buffles de hautes prairies, semble être passé dans leur sang.

Certes, Balzac n'a pas tout dit pour son temps, mais il n'est pas si sûr, non plus, que le temps présent atteigne aux profondeurs qu'il a scrutées de son œil d'aigle en son simple regard jeté sur le monde des ouvriers.

Aujourd'hui, combien il serait d'affirmation plus tranchée et plus nette. Voyez, nous dirait-il, cette armée immense et singulière de travailleurs. Elle a ses stratèges exceptionnels dans les inventeurs, puissants dans leurs visées et indomptables dans leurs accomplissements. Ne reconnaissez-vous pas ses tacticiens émérites qui la guident dans ses manœuvres, ses capitaines qui la disciplinent et la cadrent en ses brigades et divisions à la fois distinctes et fondues? Son armement est formidable aussi bien pour l'attaque que pour la défense. Elle fait siffler la vapeur de sa locomotive, elle fait jaillir l'étincelle électrique de ses bobines et de ses aimants!

Ecoutez, prêtez l'oreille! insinuerait l'harmoniste exquis de toutes les tonalités des accords et des *tutti* de la *Comédie humaine*, écoutez de près et le tympan collé au sol! Le populaire s'inspire à son tour de la muse vaillamment et sympathiquement édictionnelle en la verve de nos bardes de jadis. Les ouvriers viennent de faire éclore leur poète, porté et chauffé sur le sein de la France en éveil. Balzac saisirait le temps présent de la notation d'un de ces chants révolutionnaires que le représentant convaincu de nos âges de 1848, Pottier, a su tirer de son cœur, à la fois meurtri et indigné, par les sombres péripéties de la guerre fratricide de 1871. Voici ce chant qui se doit tacitement comprendre et interpréter :

TU NE SAIS DONC RIEN?

La mort a fait double saignée :
Guerre civile, invasions,
Toute la nature indignée
Doit se tordre en convulsions.

J'ai soif de sa haine robuste,
Soif d'un chaos diluvien
Eh quoi! toujours ton calme auguste!...
O forêt! tu ne sais donc rien.

O calme insensé, tu me navres.
Ramassés à pleins tombereaux,
J'ai vu piétiner des cadavres
Qu'auraient respectés des bourreaux.
La chaux vive et la tombe noire
Ne nous diront jamais combien!
Quoi! toujours le ciel en ta moire
Flot rêveur, tu ne sais donc rien?

Par milliers, pontons, lourdes grilles,
Vous gardez les vaincus maudits,
Ces gueux nourrissaient leurs familles,
Ils étaient pères, ces bandits.
Loin d'eux leurs bébés, faces blanches,
Sont morts sans le pain quotidien,
Quoi! toujours des nids dans tes branches
Vieux chène, tu ne sais donc rien?

En nous lançant dans la fournaise,
Poète, artiste et travailleurs,
Nous voulions de cette genèse
Tirer l'homme et le sort meilleurs;
La gangrène a repris les àmes
Et la chiourme le galérien.
Quoi! toujours cendre et jamais flammes?
O volcan, tu ne sais donc rien?

On a mitraillé les guenilles
La misère étant un forfait!
De quel pain vont vivre nos filles?
Notre œuvre, hélas! qu'en a-t-on fait?

Nous voulions dans les plus infimes
Faire germer le citoyen.
Quoi! toujours empourprer les cimes,
O soleil, tu ne sais donc rien?

La bave aux crocs, la rage crève,
Plus haineux, l'avenir fait peur.
Le charnier a bu notre sève,
Nous n'avons plus de sang au cœur.
La France agonise étouffée,
Le bourgeois succède au Prussien.
Quoi! toujours ton brouillard de fée
Lointain bleu, tu ne sais donc rien?

C'est naissance et non funérailles,
Répond la sombre Humanité.
Ne vois-tu pas que mes entrailles
Vont enfanter l'Égalité?
Éponge le sang qui nous couvre,
L'enfant de ma chair, c'est le tien!
Quoi! douter lorsque mon flanc s'ouvre,
O penseur, tu ne sais donc rien?

Gravesend, juillet 1871.

Malheur à toi, civilisé superficiel d'ici et de partout si *tu ne sais rien!* Balzac, à ton intention, a relevé ce qu'il est bon que nul n'ignore, ayant perçu en son temps la tonitruante poésie des *Iambes* de 1830, aux jours de précursion où Barbier avait vu :

La grande populace et la sainte Canaille
Se ruait à l'immortalité!

Balzac, bien qu'il touchât de près au faubourg Saint-Germain. appréciait droitement le peuple. Il percevait nettement que les ouvriers recélaient la réserve de l'avenir, comme les gentilshommes gardaient la tradition du passé.

Balzac ne songeait aucunement à opposer les faubourgs les uns aux autres. Celte de cœur, il avait le sens profond de la sympathie et de la concorde ; Français de pensée et d'aspiration, il comprenait qu'isoler les classes en affirmant les castes c'était risquer l'affaiblissement ou le démembrement de la patrie. Il distinguait nettement les plans, laissant, en toute impartialité, à l'avenir, le soin de les mettre en jeu et en ordre de signification pour les accomplissements définitifs.

Il ne se mettait ni au ventre, ni à la tête, le feu des surchauffements de la propagande déclamatoire et intempestive. Il ne s'hallucinait point l'entendement des catégories scolastiques des politiciens à l'argumentation prolétarienne. Les ouvriers, à ses yeux, instituaient un monde digne à la fois d'intérêt et d'attention.

Mais il n'épiloguait en quoi que ce fût sur le fameux quatrième état des internationalistes en leurs basses œuvres de logique instinctive, ou en leurs suggestions préparatoires des tours de main tramés dans l'ombre par les étrangers qui nous guettent au coin de leurs bois stratégiques pour nous demander la vie de milliers de nos concitoyens et la bourse de nos millions de premier état.

De plus de prudence étaient ses visées, de plus droit sens d'humanité étaient ses toutes sociales inspirations.

S'il reconnaissait dans les ouvriers de puissants

8.

collaborateurs au sein de la société présente, il ne doutait pas qu'ils n'apportassent un précieux contingent de force et d'indication pour la solution des problèmes de plus tard.

La France, quand elle est en éveil, pose ses équations à tous les endormis de ce monde. De son dodo l'enfant do! elle berce tous les rêveurs exotiques qui s'imaginent alors être à la tâche de l'invention et du progrès. *Ægri sommia*; songes de malades qui se croient bien portants. Ces hypnotisés inconscients du cosmopolitisme sidéral ou de l'internationalisme de Guliver, nous viennent ensuite encombrer de leur Lilliput de biberonage humanitaires ou de casseurs d'écuelles à grand fracas.

Balzac avait, dans l'esprit, trop de *Contes drôlatiques* à écrire dans le meilleur français de notre vieille langue et de nos fabliaux populaires pour donner dans des bourdes de ce calibre. Pas plus que Rabelais, le rieur curé de Meudon, il n'était homme à *ferrer des cigales*, ni à s'enchapitrer la cervelle de tous ces bourdonnements de hannetonage universel. Il se contentait d'avoir, au tréfond de son être franco-celtique, la prévoyance brave et la bonté qui sait attendre et n'a pas peur.

Les petites gens du peuple ne lui paraissaient pas secondaires. Il s'attachait à leurs pas, pour prêter la forme de son génie à ces passants inconsistants et sans poids. Cela rappelle Jésus disant à ses apôtres : « Laissez venir à moi les petits enfants! »

Il semble émaner de cette méritoire attention du puissant et si juste observatoire, une sorte de poésie en plein vent. N'est-il pas du plus sympathique intérêt de voir cet homme de si haute pensée, improviser en le plus profond silence de son cœur ému, sur les talons de ces bonnes gens qui ne se savent pas observés par ce bienveillant qui les aime.

Ces pauvres sont mariés; c'est la physiologie du mariage sur le trottoir. Là, comme aux plus riches chambres nuptiales, Balzac aperçoit l'envenimement des cœurs.

La rue boueuse a ses angoisses et ses froissements d'âmes comme les salons moelleusement tapissés et des palais.

Il prévoit les querelles intestines qui se préparent dans ce monde si particulièrement distinct : les ouvriers. Tout est possible dans ce milieu confus et cahotique de la masse populaire, rien ne s'y trouvant positivement arrêté de lignes et de contours.

Et l'on viendra dire que Balzac était un aristocrate! Honni soit qui mal y pense! Il n'avait à renier ni ses traditions de sang et de famille, ni son ressouvenir de foi. Mais s'il avait les espérances d'un inspiré de grande source, il gardait, il portait en lui-même et entretenait avec soin dans son âme d'élite le feu sacré de la compatissance et de la charité.

D'idée c'était un inspiré, de sentiment c'était un précurseur, de vigueur concentrée il demeurait secrètement apôtre. Il incubait, en la pâte eucharistique de sa substance incorruptible, ce levain vivificateur du vrai socialisme que le temps présent a tant de peine à admettre et à saisir.

Balzac, pour passer au milieu de ces humbles, se

fait petit et modeste. Il marche dans les souliers du pauvre. Croit-on que le politicien bruyant et subalterne, que le tribun rogome du carrefour, qui se targuent d'être les seuls paragons des droits des ouvriers et du peuple, aient cette ampleur dans la simplicité? Assurément non !

Balzac a fait bien des choses; il a créé de bien larges œuvres; mais combien plus il lui en restait à faire. Il s'y disposait d'inspiration et de droite volonté.

Molière aussi était de même cœur et de même race. Il consultait sa servante; et lorsqu'en face de don Juan, il voyait ce pauvre qui rendait la pièce d'or, il disait : « Où l'honnêteté va-t-elle se nicher? »

Rien n'échappe à nos pénétrants génies. La France est le cœur du monde. Quand on a un cœur, il pousse une tête; quand on est doué d'une tête et d'un cœur, les bras ne manquent pas. La France n'a jamais fait en vain appel à ses enfants. Le Français pense, écrit et combat pour affirmer sa pensée et son dire; il a ses joies et ses triomphes, il supporte, au besoin, la souffrance, mais il sait toujours se dévouer et mourir, s'il le faut.

Lorsque Balzac approchait des ouvriers, ce n'était pas pour leur insuffler le vent glacial et meurtrier des grèves. Il se contentait de sympathiser avec eux.

C'est qu'il avait le secret de bien des misères, ce Balzac qui avait disséqué Gobseck jusqu'aux entrailles, et anatomisé Nucingen jusqu'aux moelles. Il avait pénétré toutes les friponneries de la basoche et savait les malices des procureurs et des procédures sur le bout du doigt.

Il sentait toutes les tyrannies de finance et de légalité qui étaient appendues sur la tête des pauvres gens.

Très vivant et très éprouvé lui-même, Balzac, dans cet ouvrier qu'il suivait, qu'il écoutait le long du boulevard Beaumarchais, sentait un frère de la glèbe, un homme écrasé, courbé, asservi par l'atelier.

C'est que l'atelier, c'est, pour l'ouvrier qui se sent et qui se respecte, une sorte de bagne moins le bonnet vert, la chaîne d'acier et la marque à l'épaule.

Et, pour consolation, que trouve-t-il en dehors? Le blasphème rauque et l'Assommoir empoisonneur, le roman obscène et le vin frelaté du cabaret.

De l'atelier, la sympathie est toujours absente. La comptabilité froide et cruelle y règne en maîtresse souveraine disant à l'ouvrier d'un ton glacial et sinistre : « Travaille et meurs! Salaire et concurrence; doit et avoir, rêve, néant! »

Que l'ouvrier abattu, broyé, arrive, en une heure de désespérance et de rage, à se redresser l'œil torse et le bras crispé, il jettera, comme aux journées de Lyon, son cri lugubrement héroïque et sauvage : « Vivre en travaillant ou mourir en combattant. »

L'ouvrier meurt d'une balle au front, d'un coup de sabre à la tête ou d'un coup de baïonnette en plein cœur, parce que le sillon de la terre natale n'est plus à sa main ou à ses pieds. Il tombe au coin d'une borne, ou sur le grabat de la mansarde, ou sur le pavé renversé d'une barricade. Les ouvriers peuvent, en un même instant, devenir des braves et des criminels, ils ne sont des consolés jamais !

Nos Vendéens, nos Bretons eux aussi, sous une autre pesée de désespoir et de fanatisme, sont morts en leur lourde responsabilité vis-à-vis de la patrie en tourmente. Mais s'ils ont succombé c'était sur le champ de leur culture ou le long des buissons verdoyants de leurs égaiements champêtres. Ils avaient gardé leur foi parce qu'ils étaient de la race. Grâce aux machinations ténébreuses de la finance, nos ouvriers ont perdu le sens du terroir.

Une littérature pestilentielle et vénale leur distille tous les venins du pornographisme et de l'incrédulité. Une kabbale éhontée de spéculateurs exotiques s'applique, le masque au visage, à défranciser nos travailleurs émérites. On les jette dans les aberrances de l'Internationale pour les exproprier du droit natif qu'ils ont de glorifier la France en demeurant la ferme assise de sa production et de ses grandeurs.

Voilà ce que Balzac soulevait à son horizon le plus intime lorsqu'il suivait les égarés de passage. Visionnaire sublime, il relevait, comme le bon Samaritain, son frère l'ouvrier meurtri par les détrousseurs de la finance ou par les engrenages broyants de l'atelier.

En écoutant, comme par incidence, le bruissement du flot populaire, Balzac se donnait les distractions d'un géant débonnaire. Il faisait bouquet des fleurs naturelles de rencontre pour les lier en faisceau et en témoigner la gerbe de témoignage destinée à mettre couronne d'immortelles joyeuses au front béni de la France.

Le temps présent a besoin et mission, lui aussi, de cueillir les violettes modestes et les riantes pâquerettes des champs. La mousse populaire laisse éclore ou protège ces fleurettes simples ou délicates pour le beau mai de la France en éveil.

Ornons les vases sacrés pour le culte toujours religieux de la patrie; les ouvriers viendront, en son église de verdoyante nature, brûler le plus pur encens de leurs convictions et de leurs sentiments.

CHAPITRE VII

LA POÉSIE

Dans la menée à bien de son œuvre unique, Balzac a surtout mis en jeu les facultés morales. Les qualités intellectuelles, chez lui, ne viennent qu'en rang secondaire.

Dans tout le déduit de la Comédie humaine, en les méandres de son labyrinthe inextricable, il ne s'agit point de rationnalités plus ou moins explicites, ce qui le domine, c'est l'aspiration au bien. Le fonctionnement des facultés morales recèle la vie ; les facultés intellectuelles ne recouvrent que le tabernacle de la raison. L'intelligence, elle-même, ne constitue que notre faculté moyenne.

On dit souvent : il faut vulgariser l'intelligence ; sous prétexte d'épanouissement de lumière. Prenez garde de banaliser le cœur qui est foyer de chaleur et organe d'expansion pour le sentiment. Ne dédoublons pas l'homme ; lumière et chaleur se doivent fondre en harmonie magnétique aussi bien pour le maintien que pour le progrès.

Développez uniquement l'intelligence et vous aurez un homme de savoir ; assurément, cet homme sera valable dans sa compréhension personnelle, il se munira de qualités individuelles qui le rendront apte à se bien tirer d'une besogne donnée.

Balzac, beaucoup plus compréhensif en son intuition magistrale, percevait que l'intelligence n'est jamais de don gratuit et dégagé de toute servitude.

La raison sèche et abstraite, il le sentait de reste, lui tout pétri de la plus fine essence de poésie native, lui le lycéen réfractaire qui avait failli périr de la scolastique asphyxiante du collège, compromet la vie depuis plus de trois mille ans.

L'intelligence, ce talisman magique, séduit toujours et trompe souvent, parce qu'il cache, sous ses facettes brillantes, l'électricité qui calcine et qui dessèche. Pour brûler doucement en éclairant sans fatiguer la paupière, il faut de l'huile dans la lampe; la morale seule peut l'y mettre, le cœur seul peut l'y faire monter. L'intelligence trop acerbe est très souvent égoïste; l'égoïsme en ses visées et ses calculs est toujours intelligent.

Qui, dans son temps, a méconnu ou calomnié Balzac porteur fécondé de son œuvre immense? Ce sont les intelligents, des critiques sans palpitation d'âme, des journalistes courant le train poste du compte rendu à la vapeur et qui n'ont que faire de la réflexion qui respecte ou du sentiment qui amène à la communion de cœur. Ces intelligents mirent le génie sur le vernis craquelé de leurs bottines, ils battent monnaie de leur copie à tire d'ailes, voletant vers toutes les lucioles illusionnaires qui vous élèvent sur la tour du vertige pour vous laisser choir aux abîmes sans fond.

L'intelligence instructionnelle est attentatoire ou décevante dès qu'elle n'a plus pour guide la morale qui éduque et qui prévient.

Mettez en présence des intelligents sans un principe supérieur qui les anime, sans une inspiration profonde qui les redresse et ce seront bientôt gladiateurs dans le cirque. Lutte de l'homme contre l'homme, plume dégaînée, ou pistolet au poing. Le *struggle for life*, ce combat à mort pour la vie, se mène, sous la conduite impulsive de l'intelligence à tout rompre, dans l'arène bouleversée des compétitions sociales, ou dans les cryptes les plus mystérieusement caverneuses de la civilisation.

C'est que l'homme est un composé d'intelligence et de conscience. Si la raison impose son empire despotique et qu'elle règne seule sur les instincts et les idées, toute morale se dévie, toute religion disparaît. Présentement, on y va grand train.

Supprimez la vie morale et religieuse en ce monde, aussitôt toute la valeur et la portée de l'être humain s'évanouissent sans retour. Le raisonnement sans âme, sans cœur, sans conscience fera ample culture et cueillette de traités et de constitutions, mais vous n'aurez nulle communion d'ensemble. A la place de la vie chaleureuse, vous trouverez la volonté glaçante du : *sit pro ratione voluntas*, chacun pour soi et rien pour autrui.

Balzac se fit honneur et gloire de se tenir pour l'homme de paix, de mansuétude, de communion large et profonde. Mais il réservait tous ses trésors de sensibilité et de sympathie pour ses semblables à figure humaine, n'étant point de ces gens qui palpitent d'aise ou frémissent de tendresse pour un canari des îles, un chien de lécherie fastidieuse, ou une plante rare venant des tropiques ou des serres chaudes de l'horticulteur à la mode.

Non davantage ne se montrait-il agressif ni indifférent à la bête,

> Etant de ces gens-là qui, sur les animaux,
>   Se font un chimérique empire!

Oh! que nenni! Le Celte avait même poésie à
l'instinct qu'à l'âme. Il sentait que, si la bête représente la vie plus entière en la substance épanouie
de sa trame et de ses fibres, c'est qu'elle porte en
elle la vie seulement, qu'elle conduit à bonne suite,
à moins qu'on ne la rende enragée.

Ce sont précisément nos animaux, intellectuels
pour ainsi dire, de la domestication forcée et mal
entendue, qui s'insurgent, à l'occasion, à notre encontre, parce que nous leur avons dardé, hors de
propos ou sans discernement, les rayons troublants
d'une sorte de mentalité suggestive, leur enlevant
ainsi, par méprise, le phare conducteur de l'instinct
natif qui devait les maintenir hors de toute aberration.

La bête nous offre d'assez sérieuses questions à
poser à son sujet. Mais combien plus tout ce qui
a trait à l'homme nous est-il d'intérêt et d'obligation.

Vous rencontrez parfois des particuliers de l'un
ou de l'autre sexe qui affectent de chérir les animaux par-dessus toute chose. Monsieur vous cherche
querelle parce que vous avez regardé son chien de
travers. Madame vous en veut à mort parce que
vous n'avez pas salué jusqu'à terre son perroquet.
Mademoiselle ne vous pardonnera, de sa vie ni de
la vôtre, d'avoir été insuffisamment obséquieux vis-
à-vis de sa levrette.

Observez chez ces particuliers en habit noir, chez ces particulières en robes à traîne, comment on élève les enfants, s'il y en a. Vous verrez les pauvres petits réduits à l'état de chiens savants ou ravalés à l'attitude de levrettes de luxe, ce sont créatures de superficie et d'artifice. La vie entière, ample, complète n'est pas là.

Balzac gémissait au contact de cet abaissement et de ces extravagances. Sa nature de poète ne pouvait se prêter aux atrophies du cœur ou aux mutilations de l'âme. C'est pour cela qu'il a prononcé le mot décisif de facultés morales, montrant ainsi qu'il était, à la fois, un puissant esprit et un grand cœur.

De l'envergure si largement ailée de son âme valeureuse, Balzac a saisi et mis à orientation juste le double sens, en haute envolée d'inspiration, de notre race celtique et de notre nation française.

Nul ne saurait, à escience autorisée, quand nous avons un pareil répondant, nous injurier sans se faire tort à lui-même et nous menacer de destruction sans se risquer à quelque témérité dépassante.

La poésie, si suréminemment consonnante de la terre au ciel dont Balzac a porté les accents parmi nous et à travers le monde, nous met à l'abri de toute vilenie et de tout outrage. Qui nous viendrait déclarer avec une arrogance hypocrite et papelarde : « Celtes et Français, vous ne devez avoir ni feu ni lieu parce que vous n'avez ni foi, ni Dieu ! » nous le souffletterions au visage ! Balzac a parlé pour nous, que le temps présent réponde pour notre pays.

Que la France en éveil dise hautement à l'Allemagne, à l'Angleterre et à tous les tenants de la race germano-saxonne : Vous n'avez que badigeons de morale décrépite. Vous êtes pays intellectuels. Lourde est votre tâche, de ce chef, chargez-vous en pour l'accomplir; cela vous suffit, rien de mieux, pour la part qui vous revient dans le labeur commun.

Autres nous sommes, nous les Celtes de France et de partout. Autres non moins sont les Slaves de la Russie et d'ailleurs. En France, le paysan tient à son sol parcellaire, comme l'ouvrier tient d'ensemble à l'unité territoriale de la patrie. En la Slavie, toute entière, les populations tiennent leur arrachement de la terre native pour le plus grand attentat que la gouvernementation fiscale et financière ait pu commettre à leur encontre.

Ces peuples, tout d'impression à leur façon, comme on l'est chez nous à notre manière, sentent l'insolidarité qui s'avance sous la menée fatidique du Kahal judaïque. Ils clament d'une même voix partie des entrailles et du cœur : Maudit soit Israël ! *Vade retro Satanas !* Sus au Sémite ! Debout Goims; de Jésus et de Japhet !

Il y a deux vastes catégories d'esprits : ceux qui pensent et ceux qui sentent. Si le temps présent ne parvient pas à en accorder le diapason de solidarité vivante, c'est la guerre universelle, c'est la mort planant sur le monde entier.

Sentinelles ! prenez garde à vous ! Balzac a prévu juste pour notre France en éveil, mais l'Europe n'écoute guère les prophètes. A ce titre, précisément parce qu'il est le poète à la fois du penser et du sentir, Balzac est plus connu de nom que soupçonné dans toute l'ampleur de sa prémonitoire élaboration.

Pendant que nos raisonneurs rêches et guindés de l'Occident classiquement académique se confinaient, comme chauves-souris crépusculaires, sous les appentis poudreux de leur cuistrerie officieuse ou officielle, Balzac, lui, libre de l'aile et du regard, voguait en plein azur de son aurore. De sa plume hardiment investigatrice, la poésie de notre Celte précursionnel allait frôler l'atmosphère de ces peuples étranges qui sentent et qui ne disent rien. Devinez-les, ils sont à vous.

Ces multitudes, de la Bohême, de la Pologne, de la Russie, de la Perse et de l'Orient, forment une masse compacte de centaines de millions d'hommes, se tenant respectivement solidaires dans leur vie et sur leur sol. Ces peuples ne voyagent qu'en petits groupes, aux temps de calme, mais ils se soulèvent et roulent en flots débordants aux heures des irrésistibles ouragans.

La sève, la race, les attributs de la vie sont, en Orient encore, masqués souvent, aux yeux de l'observateur inattentif, sous les apparences de la langueur et de l'impassibilité. Ayons-y l'œil! Plus d'un danger redoutable pourrait sortir, tout d'un coup, de ces pays au rêve trompeur.

Lorsque Balzac estompait ses larges esquisses de haute vue théosophique, lorsqu'en la pénétration de la poésie la plus singulière, il expliquait les idées de Swedenborg, en écrivant les pages si délicieusement charmeresses de *Seraphitus-Seraphita*, nos rationalistes, enfarinés en leur face de : Carême prenant et de Pierrots de commande, s'écriaient en chœur : « Que veut-il celui-là avec ses prétentions de s'occuper de nos destinées? »

Ces taupes aux lourdes pattes ne sentaient pas que Balzac, en sa poésie, avait l'œil mieux accommodé que leur courte vue de fouisseurs hirsutes en leurs noires taupinières de la plus momifique érudition.

Il savait, d'inspiration, et s'était convaincu, de prime-saut, que le Nord, pour nous encore si trouble, recèle de profondes réserves aussi bien vitales que psychiques.

Comme de ce plus lointain septentrion, en cette Suède d'Odin, des Cimbres, des Normands, de Gustave-Adolphe et de Charles XII, s'était levé un étrange poète en son ordre, Balzac, en confraternité de poésie sur idéale, allait interroger Swedenborg.

Balzac qui, sur le pavé de Paris, suivait les ouvriers, le soir, pour saisir leur manière d'être et les secrets échappés du laisser-aller de leur vie intime, ne pouvait rester indifférents aux mystères peu pénétrés des races du Nord.

Il remua les livres rares de cette littérature étrange, il alla visiter ces contrées inconnues et il rapporta, pour notre France en éveil, la quintessence balsamique de ces pays de l'ombre claire, de ces régions perdues dans les brumes boréales de cet insondable septentrion.

Il vit, il connut cette Normandie gigantesque, non la Normandie riante des pommiers, mais la Normandie morne des sapins, vraie pépinière de ces pirates du Nord qui n'ont jamais été atteints et qui ne préviennent jamais de la façon dont ils se décideront à vous frapper.

Balzac, sous quelque côté qu'on l'envisage, n'est aucunement esprit strictement logique et sèchement rationnel. Il manquait de ces qualités d'invention artificielle et à fleur de peau et d'habit, telles que les exige le talent dramatique de silhouette ou de superficie. Il n'était ni du jargon ni des coulisses.

Sa *Comédie humaine* constitue un immense scenario qui ne se saurait plier aux incidences contingentes ou accessoires du théâtre. Balzac est poète, cela suffit.

Chez nous, on a confondu trop souvent la poésie avec la versification.

Le vers est une des formes dans lesquelles la poésie a pris corps et s'est manifestée aux âges les plus reculés. L'esprit humain, lorsqu'il a eu désir de communier avec les principes supérieurs, quand il s'est senti le besoin de pénétrer l'essence de ce qu'il y a de plus intime en lui-même, la Loi divine, par exemple, qu'il se proposait d'enserrer au plus près, s'est vu contraint d'avoir recours à une forme de convention, au défaut d'une exactitude précise.

L'esprit humain, lorsqu'il aspire et contemple, n'a pas besoin de l'exact, lequel ne lui est nécessaire que lorsqu'il calcule et agit.

Balzac est un poète rare, mais ce n'est pas l'homme d'action. L'homme de raison, de rendu, celui qui marche droit à l'action est de valeur, assurément, et de mérite, mais il ne touche que par exception à la poésie. Il peut être Achille, il n'est pas Homère.

Il est bon de se rendre compte de la poésie qui

se trouve à chaque tableau de la *Comédie humaine*. Il est indispensable de juger pourquoi Balzac fut un éminent poète, bien qu'il fût peu capable de mettre un vers sur pieds et bien plus incapable encore de l'apprécier.

La poésie, telle que la doit entendre le temps présent, correspond essentiellement à l'invention. C'est en cela que la poésie de nos jours est d'acception toute différente de celle des Anciens, laquelle était toute de consonnance, de rythme et de co-harmonie des mots.

Les Anciens n'ont pas inventé, à proprement parler, ils ont largement communié. Leurs visées, leurs mythes, leurs dieux, ils se les forgeaient sur les aperceptions et calculs de l'observation physique. Plus tard, lorsque l'esprit d'analyse eut précisé, en certaine tenance, la conception de l'univers et du Cosmos, on a personnifié, anthropomorphisé, rendu humains tous les mythes. Ainsi s'est dressée, diatoniquement pour ainsi dire, la poésie antique, laquelle fut la représentation purement musicale de ces principes perçus et énoncés.

La poésie, pour le temps présent, est de toute autre signifiance. Ce que nous demandons, ce n'est pas l'exactitude de détail, c'est l'ensemble de notre champ d'action. Nous regardons en nous-mêmes pour voir ce qui en peut surgir pour l'idéal et par l'invention. C'est pourquoi nous avons, c'est pourquoi il nous faut des hommes comme Balzac qui regardent, le plus longtemps qu'il leur est loisible, dans le firmament de la conscience, dans l'azur du ciel de l'idéalité. Ils en recueillent les scintillements

pour nous en tirer des principes lumineux; ils tra-
vaillent à nous rendre tangibles, en les concentrant,
ces larges nappes diffuses des lueurs du monde
infini.

Voilà pourquoi tant de gens se sont mépris sur le
caractère et la valeur de Balzac. On l'a qualifié de
réaliste, dénomination qui eût été juste en l'acception du haut idéal du moyen âge et qui se trouve
absolument fausse, intervertie qu'elle est par l'abaissement qu'en a perpétré le sens contemporain.

Le réalisme, en la compréhension moderne, est
l'antipode de la poésie. On commence obligatoire-
ment par la réalité naturelle, on finit nécessairement par l'idéal en poésie.

L'erreur fondamentale de notre littérature courante est de croire qu'on lui demande de satisfaire,
en réalisme, aux appétits de nature ou de positivité,
tandis qu'on la charge de satisfaire aux appétences
vers l'élévation et la communion avec les formes
supérieures. La poésie, c'est la religion par son haut.

Le réalisme, on le trouve toujours; la poésie, on
la perd souvent. Le fétiche et l'idole ne sont pas le
Dieu.

Nous sommes, sur la terre, rivés aux plus solides
attaches du réalisme; nous nous trouvons, par là
même, courbés sur le réel. Voulons-nous avoir le
sens de la poésie? Nous devons nous délivrer de
l'incrustation du réel. Ce qu'il y a de plus réel au
monde, c'est ce qu'il y a de plus incrusté.

Regardez au fond des mers, vous y voyez la vie
qui craint de se développer, qui a peur de se manifester, elle s'incruste, elle se cramponne aux anfrac-

tuosités des rochers. Les plantes marines cherchent un arrêt et un appui.

Tout ce qui s'incruste n'a rien à faire avec l'idéal; l'âme, aujourd'hui, doit nous gouverner plus que jamais.

On ne saurait trop s'en convaincre. C'est pour cela que Balzac est le précurseur souverain en poésie.

Les sciences d'observation et d'expérience : physique, chimie, médecine, sont une des plus solides assises et un des caractères les plus glorieux que comporte le temps présent.

Que nos savants pourtant y prennent garde; à force de méconnaître l'idéal, ils enlèvent, pour ainsi dire, l'âme à leurs œuvres. *Caveant!* Qu'ils avisent au plus tôt, car s'ils n'y mettent bon ordre, ils auront forgé des entraves à l'esprit humain, au lieu de lui ouvrir les larges perspectives de l'aspiration et de la liberté. Ils auront tué en eux la Providence; ils nous étoufferont sous le poids écrasant de la fatalité.

La poésie, c'est, avant tout, la liberté de l'homme, parce qu'elle le soulève au-dessus du réel qui incruste, sans, pour cela, le jeter dans le fantastique qui aberre, lequel n'est que la poésie forcée et mise hors de ses gonds et hors de ses voies. La poésie c'est la réalité dans le suprême.

Qu'on mette le réel en son ordre et en sa place, rien de mieux et de plus désirable, mais qu'on ne charge pas la poésie de cette besogne subalterne. Par contre, dès que la poésie ne vise pas directement aux aspirations légitimes de la conscience, elle court risque de toucher bientôt à l'aliénation d'écart ou de détournement. De la fantaisie elle tourne vite au cauchemar.

Le temps présent, faute d'avoir pris sens intime de l'œuvre si éminemment idéaliste bien que supérieurement réalisée de Balzac, s'est mis sur la pente qui le peut faire glisser aux cloaques de la pestilence et des putridités.

La fièvre pernicieuse du miasme réaliste, ou le délire de la folie naturiste, peuvent laisser la France assoupie, en torpeur et sans éveil possible ; sur ce chemin de malfaisance préméditée ou inconsciente, on va à la fange, au fumier, à l'égout.

Quoi qu'en puissent penser les horticulteurs ultra-fantaisistes des fleurs du mal, l'égout n'est pas poétique, il rentre dans l'hygiène publique des détritus. Pour l'assainissement moral de l'esprit et de l'âme, pour l'heure réconfortante de la France en éveil, ce qu'il faut réclamer, c'est la ventilation du cœur au souffle balsamique et épurateur de la poésie. Revenons à la nature qui éclaire, sortons du naturalisme qui éteint.

Par certains côtés, le génie scientifique touche à la poésie. Réaliser l'invention dans la science, c'est faire œuvre de poète en son genre, puisqu'il y a, tout à la fois, témoignage et produit, communion indéfectible de l'idée et du fait.

L'inventeur, poétique par son produit, prouve deux choses : la puissance et la ressource. L'utilité ne se conteste pas, mais elle ne saurait naître toute seule et d'elle-même. En cela, le producteur est supérieur au produit, la poésie l'emporte sur le réalisme. Le Gens-de-lettre *naturiste* détériore tout et n'invente rien.

En cette visée souveraine de l'invention, la science et la poésie s'opposent souvent, elles luttent à armes différentes, inégales et de trempe variée. Quand la poésie le veut bien, la science ne peut l'atteindre et il lui faut la subir, ce qui remet chacune sur son terrain ou d'affirmation ou de parcours.

La poésie est supérieure à la science comme la Religion est supérieure à la vie courante. Buttez à l'impasse du lourd positivisme l'esprit de la France, et vous réaliserez le *minutio capitis*, l'esclavage de la pensée, en nous coupant la tête, nous desséchant les entrailles, nous arrachant le cœur et nous cassant les bras.

Sous ce rapport, le temps présent peut éviter toute catastrophe. Il n'a qu'à remonter le courant des eaux troubles où l'invitent à barboter, comme un simple canard à trois becs, l'Angleterre perfide et la Germanie pédantesque. Contre tous les virus de l'Albion mercantile et tous les venins de la Teutonie militaire, nous avons un préservatif souverain : Balzac ! le poète gigantesque et effrayant ! Que la France en éveil soit notre Minerve, la lance au poing et son bouclier de Méduse et de Gorgone au bras, et nous nous sentirons suffisamment défendus et couverts. Laissons nos batraciens *naturistes* à leurs marécages, à leur encontre, il suffit de se déclarer Balzacien.

Balzac a été un poète gigantesque parce qu'il a manié des choses colossales. Il a été un poète effrayant, parce qu'en jetant un regard presque témérairement druidique sur l'abîme, il est demeuré dans sa plénitude surnaturelle, au lieu de se laisser évanouir au vide de l'inane et du Rien incommensurable et sans fond.

Il a dressé ses colosses comme des bornes millénaires sur sa route triomphale ; il a posé la peur de la déperdition comme un dragon incorruptible, sentinelle horrifique qui gardera le jardin des Hespérides de notre France rajeunie et sauvée.

Balzac a conçu une œuvre entière ; il l'a sentie, il en a saisi les contours de la pulpe délicate de son doigt de génie, et, pour lui donner de la consistance, il a créé, en communiant avec le surnaturel et le divin.

La création ne se fait pas d'une manière simple. La simplicité dans le complexe, l'harmonie du multiple et du un, voilà ce qu'est la création. Poésie veut dire : je fais ! *Gesta Dei per Francos !* disaient nos pères. La France a été qualifiée, à son heure de : *fille aînée de l'Eglise.* Elle n'a qu'à demeurer toujours le cœur du monde, le *Punctum saliens,* qui bat depuis le premier jour de la naissance pour consonner à l'idéal de l'éternelle poésie qui ne s'interrompt jamais. L'unisson du cœur et de l'âme dans la vie, c'est la plus sublime harmonie.

Quelle que soit l'auréole lumineuse qu'on nous pose à la tête, quelle que soit la couronne resplendissante qu'on nous tresse au front, nous ne sommes jamais ici-bas que les reflets d'une loi qui nous domine d'en haut. Quand nous avons répercuté, dans nos âmes, cette loi, la répercussion, en nous, peut devenir poésie créatrice ; mais, par cela même, nous ne sommes pas le Créateur. Il ne faut donc pas s'élever au-dessus de la loi ; notre grandeur consiste à la deviner et à demeurer dans son plus inénarrable accord. Tel fut le haut esprit de Balzac, telle est l'immortelle poésie de notre race et de notre France !

Si l'on a peur de se soumettre, c'est qu'on n'a pas, en élan et ressaut de la poésie suprême, élevé au-dessus de soi quelque chose d'assez grand et d'assez haut pour nous contenir sans gêne et nous maintenir en la plus incoercible liberté.

Balzac, sur les ailes de son génie poétique, s'est élevé sans cesse. Toujours il a regardé au large et pointé au plus haut. Nous n'avons qu'à le suivre dans la voie droite de la dignité et de l'honneur.

En ce sentiment de la poésie suréminente, Balzac a créé des types immortels ; il a fait rouler, dans leur orbe de fatalité ou de Providence, les mondes les plus vivants de candeur ou de perversité.

Pour lui, le P. Goriot est l'idéalisation du père de famille qui se dévoue, à la fois, d'instinct et de conviction.

Veut-il nous représenter l'irréprochable mère de famille ? D'un tour de baguette de sa poésie magique, Balzac nous l'amène dans sa Touraine. Il la met au repos, au calme. Il nous la montre, en toute simplicité, dans un petit tableau charmant d'émotion et de tendresse, d'une mère qui laisse ses enfants être le relief de son cœur et l'épanouissement de son âme.

Parfois, il semble, en ses évocations charmeresses si poétiquement idylliques, vouloir marcher de compagnie en les chemins fleuris de George

Sand, ce délicat poète qu'il comprenait si bien, et il se risque à nous peindre une sorte de *Mare au diable* de la civilisation.

Et, bientôt, par un contraste subit et heurté, il nous montrera l'instinct redoutable de Vautrin qui conspire contre la Société ; puis les âmes noires et damnées de Nucingen et de Gobseck qui conspirent notre ruine sous le dais Circéen des plus belles fleurs de la civilisation.

Mais, ce qui l'inspire, par-dessus tout, c'est la poésie de l'honneur et il écrit ce livre mémorable : *Les Employés*. Cet ouvrage contient plus que de la poésie, il recèle toutes les saveurs réconfortantes d'une bonne action, dans un vase précieux, le cœur si limpide du modeste Rabourdin.

Balzac se complaît à suivre les humbles bien que poignantes péripéties de cette existence peu poétique en apparence et qui, sous le luth du barde, n'en rendra pas moins les plus vibrants échos de la poésie.

Le poète nous montre Rabourdin engagé dans la vie d'une façon fortuite. Il ne sait pas comment il y est entré. Il a pourtant un protecteur qui accompagne ses pas, un sentiment caché a donc veillé sur son berceau. Mais tout enfant d'écart risque trop souvent d'être plus tard laissé à l'abandon. Le protecteur agit d'abord en se dissimulant dans l'ombre, puis il s'en va ou il meurt. A l'enfant abandonné il ne reste plus rien sur quoi il puisse avoir appui. Il n'y a aucune solidité en cette situation aléatoire. C'est que la famille ne se saurait faire avec une seule personne ; il lui faut tout son monde particulier, sinon gare la malechance et l'évanouissement!

Balzac a voulu faire sentir toutes les poignances de cette position risquée et instable, c'est pour cela qu'il a poétiquement évoqué Rabourdin.

Ce simple employé entrevoit comment on pourrait transformer l'administration française, mais il a contre lui, ce qui va de soi, tous les éléments qui l'entourent. Il a épousé une femme jeune, jolie, qui a été assez mal engagée dans la vie, mais qui garde ferme croyance que Rabourdin ira loin.

Un romancier vulgaire aurait fait Rabourdin beau, séduisant, irrésistible. Balzac y voit plus clair au sens de sa poétique d'intuitif génial. Il nous le montre, au contraire, écrasé par le travail, à côté d'une femme diffluente qui le pousse dans ses dernières lignes. Il le présente ayant contre lui son secrétaire général lequel vise, près de Mme Rabourdin, à jouer du galantin sur le retour. Il a contre lui sa femme elle-même.

Malgré tout, il demeure ferme et il sourit. Sous les regards de cet homme que rien n'entame ni ne dévie, cette femme se sent subjuguée par le plus invincible attrait. Dans un moment de transport, elle s'écrie dans la plus courageuse franchise : « Tu vois, si je n'avais pas eu de cœur! »

Aussitôt cet homme, que l'on méconnaît et que tout menaçait d'humiliation et de ruine, reprend sa place au domaine de l'honneur. N'est-ce point la poésie du foyer, autant que foyer puisse être poétique?

Quand dans un cœur d'homme, se trouve énergie

virile et dévouement profond, la femme le suit ou l'abandonne. Ici la femme se relève et l'homme se redresse. La poésie haute et morale à la fois nous célèbre l'union de deux cœurs qui se trouvent liés dans l'accomplissement de leur devoir.

Dans *Louis Lambert*, Balzac se remémore la poésie douloureuse de son histoire première. Son héros meurt à vingt-cinq ans, c'est sa compagne qui l'enterre, ce qui est assurément de poésie tendre bien que triste; il n'en succombe pas moins à ses premiers printemps. C'est que l'infortuné Lambert est la victime expiatoire de l'intelligence vague et aride.

Balzac avait senti qu'entre l'esprit et le monde il y a un mirage qui empêche de discerner la route. Le jeune Lambert ne peut saisir la voie salutaire de la vie; le livre, diffluent ou opaque en son verbe, l'égare comme la Walkyrie, ou le noie comme l'Ondine. C'est que la vie seule est de contrôle ou de confirmation. Notre corps n'est pas un vain fantôme, le corps est notre garantie. *Mens sana in corpore sano.*

Tant que nous demeurerons sur la terre, il nous faut nous garder en un corps toujours adapté aux exigences accomplissantes de notre destinée.

En cette occurrence, les matérialistes se peuvent donner pour les réalistes de la science. Mais est-ce à dire que nous ne soyons, en tout notre être, qu'un simple tube ou alambique organisé, outre à nourriture et sac à vin! Demeurez en cette conception basse et grossière, goutteux peu illustres et gâteux peu précieux, et vous aurez la valeur respective des aliénés en démence qui sont d'autant mieux en chair qu'ils sont plus petitement de jugeotte.

Minez-vous les sangs, rongez-vous les foies, desséchez-vous les entrailles, ambitieux jaunis d'ictère ou blêmis de gastrite, vous les pince sans rire de la Kabbale et de l'intrigue, et vous sentirez, sous la fournaise qui bouillonne en vos veines et par le feu qui court en vos nerfs, votre corps tomber miette à miette. Si le médecin qui vous pique de sa pointe d'aiguille à morphine est matérialiste, il vous sera de peu d'assistance malgré le rouleau qui solde ses visites, et il aura peur lui-même en face de votre figure cadavéreuse et de votre corps de squelette.

Balzac, en sa poésie de tout creusement et de toute nuance, a relevé ce double danger et, par son hygiène sage et sa vaste et souple conscience, il a évité les deux périls.

Si notre corps se livre à tous les désirs, s'empiffre de toutes les goinfreries, et s'engonce en toutes les concupiscences, l'esprit ne le suit pas et le laisse se verminer seul en les haillons sordides d'une existence moralement loqueteuse.

Que l'esprit se risque aux envolées d'aberrance ou de dépassement de la spéculation ou de l'intrigue, et, peu à peu le corps se retrait, se rétracte et se parchemine comme la peau de chagrin. La démence mortuaire étouffe le goinfre de la matière.

La monomanie extra vitale emporte le Pégase mal monté de la trop idéaliste ambition.

L'on méconnaît cette poésie de l'être en sa vitalité d'incarnation spiritualo-animique, parce qu'on imagine, assez gratuitement, que le corps nous a été donné pour que la terre nous tienne et nous abaisse. Conception funeste! Nous avons un corps pour qu'il nous soit loisible de bondir, au besoin, et de nous redresser, dans tous les cas.

Avant Balzac, le poète Ovide avait frappé cette belle maxime :

Os homini sublime dedit, cœlumque tueri
Juissit...

Lamartine, ce valeureux frère en poésie de Balzac, a traduit en chrétien, cette noble maxime du païen d'élite.

L'homme est un Dieu tombé qui se souvient des cieux.

Dominer la nature, élever l'homme, faire son salut, voilà notre trinité obligatoire; pour y correspondre il nous faut, en ce monde et pour l'autre, un corps, une intelligence, un idéal.

Qu'on sépare ces termes univoques, l'on tourne l'aile à la poésie; on tombe dans les bas-fonds de l'analyse où l'on s'engouffre aux abîmes de la plus irrémissible déperdition. Balzac l'a compris, il l'a proclamé, il faut le triple accord de l'idéal, du sentiment et du corps pour ne pas mourir.

La poésie, dans Balzac, sonde tous les mystères et soulève tous les voiles. Dans le *Curé de campagne*, une femme veut instruire un rustre, lequel commet un assassinat. Cette femme, malgré ses intentions droites, meurt parce qu'elle a entrepris ce qu'elle n'a pas pu réaliser. C'est que la femme court gros risque à ce jeu redoutable de la destinée auquel elle se mêle, lorsqu'elle n'a pas la puissance de s'y reprendre ou de s'y affirmer.

Le *Lys dans la vallée* met en scène une femme très honnête. Elle élève ses enfants à côté d'un mari un peu nul, mais qui fait bien aller les fermages. Dans son milieu de mœurs bourgeoises, cette mère modèle, cette épouse obédiente accomplit tranquillement ses devoirs de neutralisation quotidienne.

Pourtant, elle se sent un peu alourdie par la campagne; elle manque d'air, de lumière et de poésie. Son corps n'a pas vibré, l'idéal a fait défaut. Il suffit d'un baiser fortuit pour dissiper le mirage, et tout, en cet être si impressionnellement féminin, est à trouble et à détournement.

L'honnêteté s'en va assez loin pour que la femme se voie perdue et meure, son testament fait et en plein désespoir. Balzac évoque, expose et passe, montrant le mal tout en voulant le bien.

Rien ne l'offusque, rien ne l'arrête. Avec la clé d'or de sa poésie, il ouvrira tous les réservoirs des eaux les plus abscondes et il épanchera les cataractes des grands fleuves pour emplir les bassins immenses de ses océans sans fond.

Il est remonté aux sources des théosophies supérieures avec *Seraphitus-Seraphita*. Il a suivi les plus tortueux méandres de la logique de l'esprit avec *Louis-Lambert*, il va maintenant se rafraîchir aux amères fontaines d'un autre monde.

Derrière cet infini qui l'attire, au-delà de cette nature immense, derrière le rideau aux mille plis qui se drape au poids de cette lourde accumulation de phénomènes, il soupçonne un pouvoir latent qu'il lui faut saisir. Alors il fait apparaître devant lui l'homme de la persévérance tenace et il lance Balthasar Claës à la *Recherche de l'absolu*.

C'est au milieu des provinces flamandes, dans le pays des grands Kimris où les hommes savent garder ce qu'on leur donne à tenir, que Balzac porte le type dont il a besoin pour sa toute particulière disquisition.

A Douai, en cette population mêlée de Hollandais, de Flamands et d'Espagnols, habite Balthasar Claës, chef d'une famille de bourgeoisie nobiliaire, respectable qu'il est, fort intelligent et jouissant de toute considération.

Balzac, le poète par excellence, saisit d'intuition que les affections de famille tiennent à la beauté de l'âme et au sérieux des sentiments. Aussi met-il au foyer de Balthasar une épouse qui cache les grâces les plus exquises de l'intime sous les apparences déchéantes de la difformité du corps.

Comment se peut-il, gloussent les dindonneaux de la basse-cour réaliste, qu'un inventeur (ils ne remarquent point que Claës n'est inventeur que par incidence, par suggestion occasionnelle et nullement de génie propre) qu'un homme aussi bien tourné de sa personne puisse prendre une femme contrefaite!

D'où viendra la passion? Balthasar se refroidira, cacassent ces coq-poulettes de la sensitivité à fleur de plume. Il y aura refroidissement des sentiments intérieurs du moment que la bise serpentera le long de ces contours de taille féminine. Ko ko ri ko!

nous nous y connaissons, nous, les matamores du bec et les fiers à bras de l'ergot !

Allez-y gaiement à l'encontre de Balzac en son observation de haut perron ! Escrimez-vous coq-bins de la critique impuissante ou faisandée ! Le poète impassible vous conviera à relever l'issue assez peu triomphale de ces mariages d'inclination qui semblent vous séduire parce que vous ne savez pas que la fée Carabosse a eu soin, dans sa perspicacité malicieuse, d'y accumuler tous les avantages extérieurs de l'impromptu et de l'inattention.

Les femmes avisées qui sauront faire leur profit des prémonitions si finement insinuées par Balzac, reconnaîtront qu'elles n'ont pas besoin de tant de manœuvres détournées pour prendre et retenir les hommes. De la prévision, de la patience et de la grâce, cela suffit amplement.

Balzac dépeint Claës prenant son repos d'âme et de cœur près de cette femme, dans l'atmosphère pure et cordiale de la famille en laquelle il puise, sans effort et sans interruption, la stimulation aromale de son être, selon l'expression de Fourier.

Balzac veut, d'un élan de poésie, monter au suprême, mais il se donne mission de signaler, sur cette mer si météorologiquement orageuse, les écueils et les brisants.

Ici est la merveille des merveilles. Le poète, d'un seul jet de son crâne jupitérien, fait jaillir la Minerve de toute sagesse précautionnelle et de toute sapience avisante.

Le temps présent balbutie, avec la terreur aux lèvres, cet alphabet de la suggestion affolante et de l'hypnotisme perturbateur. En son temps, Balzac, a mis la tragédie en scène, laissant la peur dans la coulisse, parce qu'il éclairait en pleine conscience ses premiers plans.

Au moment où Claës goûte les joies pacifiantes de son foyer de famille, on est à l'Empire, au sortir de la Révolution; c'est donc la guerre partout au dehors. On se sent, par opposition, absolument heureux à son foyer intérieur.

Qui pourrait venir déranger Claës en sa quiétude et en son aisance? Rien en apparence, et pourtant le plus simple incident va bouleverser toute cette maison où règne une si sereine placidité.

Un seigneur polonais, socinien de doctrine, kabbaliste d'influence, rêveur mystique par caractère, conspirateur velléitaire par tempérament, arrive. Voilà le démon tentateur dans cet Eden. Adam va mordre à la pomme de l'arbre de science, Eve subira tous les renversements de la chute. La suggestion aura passé par là.

Le Lucifer inconscient vient à Douai, ville de garnison. Le Malin semble de composition débonnaire, il se présente sous figure d'un capitaine d'artillerie. Ce Polonais d'occasion est au service de la France; il est installé au milieu de la famille Claës.

Pour reconnaître les bons soins d'hospitalité qu'il a reçus, le capitaine ouvre, à Balthasar, son cœur pour lui en révéler le sentiment le plus haut qu'il comporte.

« Vous êtes riche, lui dit-il, intelligent, vous avez des loisirs. Ecoutez-moi, veuillez m'être un sympathique confident. Je serai tué dans quelque bataille, poussé que je suis par mon sort fatal à mener à la guerre des hommes que je ne connais pas. Dans ma tête il y a un besoin de tout connaître, mais je ne le saurais satisfaire dans le genre d'existence qui m'est imposé. »

Balthasar prête l'oreille. Alors le capitaine accomplit, sans peine, une sorte d'hypnotisation morale, il a capté l'attention, il devient maître de la volonté.

Aussitôt, sans préambule, sans raison déduite, sans motif indiqué, il fait, à Claës, une communication souverainement captivante. C'est le coup de foudre, c'est la *possession* immédiate. Balzac, qui s'y connaît et qui suit tout ce que la poésie lui indique, montre Claës atteint et désemparé pour jamais.

Balthasar, transporté, hors de lui, raconte à sa femme ce qu'il a appris, ce qu'il sent. La digne épouse saisit sans ambages qu'une lumière nouvelle se lève au foyer. C'est la suggestion seconde. Lucifer est parti, mais Adam et Eve sont chassés de leur paradis perdu.

Balzac, d'inspiration toute poétiquement religieuse, signale l'abîme qui s'ouvre sous les pas de Claës en cette poursuite de l'Absolu chimérique.

Quand nous tentons de communiquer avec l'Infini dans une lutte inégale, impossible, folle, l'Infini résiste ou se dérobe et nous courons risque d'être brisés ou évanouis. L'orgueil est là qui nous exalte, nous entraîne et nous perd.

Que l'on quitte, un instant, les lignes de la discipline de l'esprit, que l'on glisse, d'une seule note, hors de la gamme mélodiquement harmonique de la raison et du sentiment, au bout du fossé, la culbute! Il y va de la ruine, de la mort et de la damnation.

Balzac suit du regard ce Balthasar qu'il suggestionne lui-même dans cette recherche de l'Asbolu qu'il lui commande magistralement de poursuivre, pour savoir à quelle fin il aboutira.

Dès ce moment, Claës s'attelle à des travaux chimériques. S'il ne s'agissait que d'un simple travail de curiosité pure, il n'y aurait que demi-mal. Non! c'est un coup de vent d'ensemble qui l'entourbillonne de vertige, c'est un but qui le ravit en espérance, c'est un rêve en réalisation qui lui sert à la fois d'étoile polaire et de cauchemar.

Il dépense sa fortune et celle de sa femme; cette épouse chère et bénie qui est son ange gardien et de salut.

Après tous les insuccès, elle le prévient qu'ils touchent à la ruine et qu'à ce train d'enfer, la maison va s'effondrer.

Cet homme revient un instant à l'appel de son bon ange qui lui parle. Il l'écoute, il la comprend! il semble que tout soit terminé, le rêve a fui, la calme et solide raison d'autrefois va reprendre sa primauté. Mais non! La suggestion ne lâche pas prise; la catastrophe ne sera pas conjurée.

Nous sommes en 1813. Balzac, en sa poésie si singulièrement surprenante, par une évocation étourdissante fait intervenir le fameux vingt-neuvième bulletin de la Grande Armée. C'est le passage de la Bérésina, c'est la déroute générale, c'est la recherche de l'Absolu du despotisme militaire qui crève en nuée d'orage sur la tête de ces brûleurs de Kremlins, de ces preneurs de pyramides, de tous ces chefs de bandes armées qui s'en vont très loin, ne s'apercevant pas qu'ils se perdent chez eux.

Pendant que Claës se livre à ses chimères, sa patrie croule, pendant qu'il cherche l'affirmation illusoire de sa personnalité, il amoindrit sa physionomie sociale. Mais Balthasar, pour mener à bout sa suggestion folle et néfaste, ne prenait que sur ses sentiments propres, il ne troublait personne autre que ceux qu'il aimait, il ne sacrifiait que les siens ! C'était beaucoup trop déjà, pour l'honneur de sa raison et les charges de sa lourde responsabilité.

Mais, pour la France si rudement, elle aussi, ramenée de son rêve, c'était la déroute, le désastre, l'invasion qui allaient rouler aux plus profondes ravines de son territoire sacré, parce qu'un Corse de rencontre, un Napoléon de malheur, après l'avoir épuisée jusqu'aux moelles, la livre désarmée et sans défense à l'étranger qui suit nos braves et infortunés soldats à la piste pour nous anéantir ou pour se venger.

Claës oublie bien vite les sages et bienveillants conseils de sa compagne dévouée. Il ne donne qu'une attention distraite aux calamités de la patrie. C'est que la suggestion le va reprendre et s'aggraver.

Il reçoit du Polonais ces quelques lignes qui l'hypnotisent à nouveau et le sidèrent : « Je viens d'être blessé, je vais mourir; avant de disparaître j'ai à cœur de vous recommander d'employer tous vos moyens à la Recherche de l'absolu. »

L'officier meurt en s'enveloppant dans le linceul de sa chimère, mais il a exprimé sa volonté dernière, Balthasar s'empressera d'obéir.

Le malheureux Claës ira jusqu'au bout de son labeur et de l'épreuve. Il sera frappé dans ses œuvres vives, il sera abaissé d'intelligence, bafoué dans la rue par les polissons de la ville qui le traiteront en lunatique et lui jetteront de la boue. Il n'en sera pas moins respecté par son vieux serviteur et par toute sa famille. Brisé, épuisé, le pauvre Balthasar, sur son lit d'agonie, dit, d'une voix encore nette bien que défaillante, aux siens qui l'entourent et versent des larmes : « J'avais l'Absolu! » Et il meurt. La suggestion l'a donc suivi jusqu'à la tombe. Le poète seul a eu raison, car il a bien vu.

La poésie de Balzac ne se saurait arrêter à mi-côte. Le voyant a plein désir de soulever tous les voiles et de pénétrer les arrière-plans des plus troublants horizons. Il reprend sa route, et il rencontre la vie, chauffée aux feux les plus ardents de la plus nerveuse palpitation. Il la voit rayonnante sous les traits de la passion, à visage mystérieux, mais aussi à visage jeune et découvert. Elle porte au front son talisman énigmatique en ces caractères discrètement flamboyants : *La Peau de Chagrin.*

Dans ce chef-d'œuvre, la vie se toise à l'aune, au millimètre, au point. La vie s'écoule à mesure que la passion se satisfait.

La Peau de Chagrin, c'est la Recherche de l'Absolu dans la chair, dans l'amour. C'est la passion qui se cherche et se creuse sans raison et sans merci.

L'amour, c'est la Recherche de l'Absolu dans l'instinct de la substance, comme la visée suggestive de Claës était la Recherche de l'Absolu dans l'idéal de l'Infini. Dans l'intelligence, c'est le rêve. Dans l'instinct de la vie, c'est l'acharnement.

. C'est la palpitation de la vie que l'on cherche, palpitation incessante, inexorable. On veut sentir, sentir encore, sentir toujours. Vous avez la femme, vous vous crispez à son appétence, vous lui demandez une sensation inédite, une sensation ultime. Quand la peau de chagrin se rétrécit en ses plus minces limites, vous vous cramponnez en aspiration désespérante à la femme, vous tendez les bras, vous ouvrez les lèvres, vous criez d'une voix râlante une dernière fois : « Viens! » Vous sentez dans le vide, c'est le néant, c'est la mort.

Sophocle, Eschyle, Homère, Virgile, Dante, et Shakespeare, Balzac n'est-il pas votre émule? Que le temps présent vous interroge sur le plus grand de nos poètes et vos bouches sacrées lui répondront du haut de votre empyrée de poésie.

Et toi, France, notre Mère sainte et éprouvée, dis-nous si ton conteur de Touraine t'a bien gardée en éveil, nous apprendrons de lui à te défendre et à te respecter!

———

CHAPITRE VIII

DERNIÈRES PENSÉES

Il faut parler à la foule qui seule, de nos jours, vit et fait vivre. Balzac, jusqu'ici, n'a pas été l'homme des foules, précisément parce qu'il a été poète.

La Poésie, comme l'Aurore, illumine, dès l'aube, les hauts sommets; elle ne darde aux plaines moyennes qu'à son midi; elle n'irise les vallées qu'en son crépuscule, et puis elle replonge dans les eaux fécondantes de sa nuit, pour se lever le lendemain avec le soleil d'un nouveau jour.

Le temps présent doit parcourir tous les signes à cases variées de son zodiaque. Le sang de noblesse a engendré Balzac sous le signe du Lion; la bourgeoisie l'a percé des pointes aiguës de l'épreuve financière sous le sceau du Sagittaire; le peuple le doit recueillir à rafraîchissement et à reviviscence sous le signe du Verseau révolutionnaire. La France en éveil le doit glorifier sous le signe de la Vierge blanche et immaculée.

Par lui-même, au cours de sa gravitation toute personnellement zodiacale de la *Comédie humaine*, Balzac s'est arrêté au zénith dans le signe resplendissant de la Balance ou de la Justice. C'est en ce haut point lumineux qu'il convient de le signaler aux foules qui espèrent et qui attendent.

Le temps présent est prévenu, cela suffit. La France est en éveil, qu'on se le tienne pour dit! Balzac, à cet effet, nous a servi d'écho large et sonore, nous l'avons embouché comme une trompette apocalyptique pour témoigner que les jours du jugement définif étaient proches, aussi bien pour les Jérusalem de la sacoche que pour les Babylone du canon rayé.

Les événements ont retenti jusqu'au tympan des multitudes. Les foules dressent l'oreille, elles s'accoudent sur la houe du laboureur comme elles s'accotent au marteau du forgeron. Notre peuple vient reprendre sa place au milieu des nations, notre race veut demeurer à son rang dans sa note d'harmonie universelle. Balzac est le trait d'union entre tous les mondes, comme il est l'arbitre entre tous les types.

Le Vautrin de l'instinct populaire lui a été non moins à souci que le de Marsay de l'idéal aristocratique. Il a pressenti tous les mystères de la Scandinavie lointaine, comme il a deviné, sous les brumes, les vagues ampleurs de l'âme des Slaves et sondé les profondeurs de la Russie tout entière.

Son Michel Chrétien rêvait des États-Unis d'Europe en tombant sur les barricades républicaines du cloître Saint-Merry. En ses remarquables *Études politiques* qu'on ne soupçonne guère qu'il ait eu le loisir de poursuivre, il s'occupe des rapports si complexes de l'étranger et de la France; mais, de cœur, il entonnerait volontiers le refrain de Béranger, notre vieux chansonnier populaire :

Peuples, formons une sainte alliance
Et donnons-nous la main !

Chauvinisme arriéré, moutarde après-dîner dans le pot-au-feu ! s'exclame un extra-national hirsute et à tous crins. Chauvins tant qu'il vous plaira ! casquettes à trois ponts de la rigolade antifrançaise, blouses blanches de la police d'outre-Rhin, souteneurs appointés de la juiverie cosmopolite ! Chauvins furent les bataillons peu argentés de nos soldats en sabots quand, sous la conduite de nos Celtes : Marceau de Chartres et Hoche de Versailles, ils reprirent vaillamment, en bons Français, nos lignes perdues de Wissembourg.

Chauvins ! nous le saurons redevenir aux jours de l'épreuve fatidique, malgré les apitoiements de faux humanitarisme du tendre Gobseck, malgré les larmoyantes effusions du sympathique Nucingen.

C'est qu'aussi bien on nous l'a trop faite à l'oseille acide cette mauvaise farce du : tout le monde chez nous et nous nulle part. Le temps présent ne comporte plus de ces fumisteries néfastes et destructives de notre clairvoyance nationale ; la France humiliée nous crie : « A moi, mes enfants ! l'on m'a meurtrie, l'on me menace !

Quand secouerai-je la poussière
Qui ternit mes nobles couleurs ?

Balzac, aujourd'hui comme de son temps, serait le premier à accourir à cet appel. Patience, patience !

consultons-le dans sa nuit en attendant le grand jour!

Reprenons Balzac tout entier, cherchons ce qui ressort de son enseignement pour le passé, le présent et l'avenir de notre pays.

La *Comédie humaine* demeure un monument extraordinaire élevé, en notre contrée de France, pour l'étonnement des autres pays et pour l'instruction du nôtre. Rien n'y manque, ni les solides assises, ni le couronnement à perte de nuages. C'est du style roman pour la masse, c'est du style à l'ogive fleurie pour les détails. Le tailleur de pierre est carré par la base, mais il a les doigts fort délicats pour manier le marteau et la rugine du ciseleur.

Balzac n'a jamais été classique par l'esprit ni érudit pour le bafouillage. Il a du sang de gaël dans les veines, il pétille de sève celtique en ses nerfs, il a le gai savoir et le franc rire de nos vieux fabliaux populaires. Il n'a qu'un modèle en ses gauloiseries de France pure, c'est maître Rabelais de pantagruélique mémoire.

Grâce à Balzac, nous n'en sommes plus aux engouements pour les Romains et pour les Grecs. Veillons, à son exemple, sur les importations intellectuelles ou suggestives qu'on nous impose de l'étranger. Nous ne sommes nullement race *latine*, nous sommes celtes. Plus d'étrangers, restons Français.

On sent très bien aujourd'hui qu'il se prépare un balayage énorme dans le plus large sens de la voierie publique qui a besoin d'être nettoyée. Comment le sera-t-elle? Par les pluies du ciel, mais soyons attentifs pour que le lessivage ne tourne pas au déluge.

Les immondices seront-elles enlevées par les vents de bourrasque. Assolidons les tuilages de nos toits, tenons ferme sur les gonds de nos portes, car les vents sont aveugles, la trombe et le cyclone sont bien vite entrés chez nous.

Par-dessus tout, mettons ordre dans notre mobilier de conscience personnelle et nationale. Quand tout se doit épurer, le premier devoir est de commencer par l'épuration de soi-même :

> Ami, tire-moi du puits,
> Tu feras après ta harangue !

Au milieu des rudes et poignantes passes de notre sort natif et de notre destinée finale, Balzac nous convie à l'amour et à la poésie. « Aimez-vous les uns les autres ! » disait Jésus.

> Travaillez, prenez de la peine,
> C'est le fonds qui manque le moins.

Ainsi parlait notre bon La Fontaine en un temps où les Juifs ne nous avaient pas mis à sec, en nous insinuant de leur rire le plus sarcastiquement ironique ce petit avertissement Gobsecko-Nucingien :

« Ce sont les fonds qui vous manquent le plus. » Qui travaille prie ! tel est le sens suprême de la foi moderne. L'amour se doit constituer sous le double courant du devoir et de l'action.

Il faut agir ! Pour arriver à bien il faut un principe, un but, un sentiment. Croyons en Dieu, sauvons la France et aimons-nous !

Les poètes sont de grands avertisseurs, Balzac nous a prévenus, recueillons-nous à son invite. Homme bien averti en vaut deux !

La France est blessée, elle ne succombera pas, appuyée qu'elle est sur son sol et sur son peuple. Ayons germe de sentiment et d'idéal et rien ne saura prévaloir contre nous.

Quand le germe est bien enclos, lorsque la graine est dans le sol favorable, l'hiver a beau neiger ses frimas, au premier rayon de soleil printannier, le germe sort verdoyant, la moisson pousse et la récolte est assurée.

Qu'on nous méconnaisse, tant mieux, qu'on nous tienne pour perdus, tant mieux encore! Il n'y a point à prophétiser, mais il faut voir au clair ce qui nous regarde et taire religieusement ce que nous avons à réserver.

Ecoutons nos maîtres autorisés, suivons nos guides sûrs, conspirons avec nos plus profonds génies. Qu'en nous tous, enfants de la France en éveil, s'entretienne le feu sacré du foyer national. Nous d'abord, le monde après !

Sachons bien qu'il n'est pas de nationalité possible tant que nous laisserons banalement entrer chez nous des gens qui s'installent à notre place, comme chez eux. Tenons à l'œil l'étranger qui nous abuse et qui se gausse de notre naïveté par trop assottie. Ne livrons pas la terre de nos berceaux, protégeons le lieu béni de nos tombes.

Nous avons un sol, gardons-le. Nous avons une

histoire, saisissons-la de haut, fixons-la dans ses profondeurs. Rejetons chez les étrangers ce que nous ne voulons ni admettre ni subir par leur entremise. Il nous suffit de trois choses pour vivre inexpugnables sur ce territoire de France qui est séculairement nôtre : la foi, la conscience et l'action.

Le temps présent plie sous le poids qu'a soulevé de son peson herculéen l'athlète musculeux de la comédie humaine. Notre peuple voit, ainsi que le lui a montré Balzac sans la moindre dissimulation, que les pantins sont aussi usés que les ficelles.

Les hommes s'agitent, les femmes les mènent, les financiers les ruinent, le diable révolutionnaire les emporte ; ils échouent en face de la société qui les barre, la civilisation n'en a que médiocre souci.

Balzac a merveilleusement saisi les trémulations de ces ombres qui s'agitaient sur leurs écrans de projection sans perspective et sans soleil. Il a tiré de leur atmosphère pénombrique tous ces fantoches pour leur faire publiquement danser la sarabande aux carrefours de nos rues parisiennes éclairées à *giorno* et transformées en théâtre de guignol en plein vent.

Il fallait à Balzac une conscience pure et un œil à toute épreuve pour voir, sans appréhension ou sans effroi, ces chimériques fantômes se dodeliner de la tête et de la hanche sous leurs falbalas sociaux ou leurs oripeaux de civilisés.

Au fond, les poètes puissants, les génies supérieurs ont l'esprit quelque peu mélancolieux, ils ont du triste à l'âme, en entrevoyant les rudes destins qui incombent à notre pauvre humanité.

Le poëte, c'est celui qui voit en trop. Les inspirés ne sont pas seulement la foi, ils sont l'avertissement. Malheur à qui ne les entend pas.

Balzac nous a montré l'amour dans ses luttes, la famille près des abîmes, le monde folâtrant d'insanité.

Malgré tout, la société ne bouge pas de la longueur d'une tête de mule, elle ne recule pas d'une semelle de ses escarpins flexibles ou de ses souliers ferrés. Pourtant, elle se courbe sous le vent de la tempête, ou elle se plie sous le souffle charmeur ou énervant des vents de la mousson civilisée.

Le monde est rempli de pièges, la société est semée de fondrières. Balzac nous est le montreur assuré des accidents de la route, nous lui devons d'être remis au droit chemin.

Prenons-le pour monter ! Nous éviterons les chants pernicieux de la sirène. Nous saurons ce que vaut la police à l'œil louche et la finance au sac à double-fond. N'oublions pas qu'on se butte aussi bien contre des soleils qui aveuglent de leur éblouissance, qu'on se brise contre les murailles qui vous rompent au choc de leur impénétrabilité.

Que Balzac devienne notre Mentor social et notre Minerve de civilisation. Il laisse la Grèce sous les portiques ruinés d'Athènes ; il laisse Rome sur son Forum en décombres ; il laisse les Anglais dans leur île, il laisse les Allemands au-delà du Rhin. Des Italiens, il parle peu ; par contre, des Juifs il parle en sa plus fine langue. Son génie suffit à la France pour voir le monde et pour l'éviter au besoin.

Que nous réserve le temps présent ? Que nous

ménage l'obscur avenir? En cette occurrence, la littérature se récuse, la pensée seule se maintient au premier plan. Tout ce qui va venir ne se sortira que des plus hauts dégagements de la lutte. Ce qui finit, c'est le monde composite et faux tel que l'a peint Balzac. Le rastaqouère est devenu personnage public; il a gouverné ostensiblement ou sous main.

Laissons ces mondes fantastiques de la Comédie humaine rentrer dans leur boîte de pantins et de *pupazzi*. Ouvrons l'œil à l'horizon pour percevoir les premières lueurs du Renouveau qui va commencer.

Si Balzac, au lieu de se dérober dans les interstices de son époque d'intrigues mesquines et de politicisme hybride, s'était mesuré, d'inspiration et d'instinct, avec le temps présent, il est à croire qu'il se serait mis subitement à découvert et qu'il eût fait son entrée en scène par quelque coup d'éclat.

En se trouvant en face d'une coalition brutale et insolite des Rastignac, des Vautrin, des Gobseck et des Nucingen du cosmopolitisme antinational, il eût crié d'une voix tonnante à ces faquins, chourineurs, tire-laines et coupe-bourses de l'alcôve, de la chiourme de la soupente et du haut pignon : « Arrière! aigre-fins, marauds, truands et filous, je vais vous cingler de la batte et vous ficeler dans le sac d'Arlequin.

« — Rastignac! combien t'ont rapporté tes platitudes?

« — Vautrin! quel prix a-t-on mis à tes crimes?

« — Gobseck! quelle est la somme de tes rapines?

« — Quel est le taux de tes dilapidations, baron juif de Nucingen ou d'ailleurs? »

Puis adoucissant la voix avec tendresse, il eût demandé à la France : « Mère, quel narcotique t'a-t-on versé ? »

« Quel chloroforme a-t-on répandu sur ton drapeau ? Quel vent de maléfice a-t-on fait passer sur la tête de tes enfants? »

Sans hésitation, notre puissant romancier se fût jeté dans le flot torrentueux de l'histoire courante. Il eût ramé contre le fleuve de descente au lieu de se laisser aller à la dérive et à l'abandon. De son canot de sauvetage, il eût manié le fouet vibrant de la satire et nous aurions la France en éveil depuis longtemps.

Il n'est plus là, le visionnaire unique, mais sa tombe de Lazare patriotique, à défaut de la statue, qu'on lui a refusée jusqu'ici, mais que le sentiment de la race en Touraine et la haute aspiration nationale et humanitaire de Paris se disposent à lui élever bientôt, cette tombe est restée pour nous rallier à la suprême croisade de la compréhension nette et du jugement définitif.

Le temps présent a eu le désastre de la patrie parfois trop gai. La défaite et l'abaissement de la France ont semblé, à beaucoup de politiciens et de spéculateurs sans vergogne, simple mise à niveau de passage; un tour de reins et l'on a gaillardement sauté le fossé.

On a inscrit sur le papier le ban et l'arrière-ban du militarisme administratif. On a distribué solennellement les drapeaux à nos régiments, braves et méritoires en eux-mêmes, mais on a oublié d'y attacher le crêpe de deuil que chaque citoyen de la

France en éveil devrait porter visiblement au dehors.

Que nos corps d'armée fassent manœuvres instructives bien que pénibles, rien de mieux. Mais pourquoi tous ces envoyés militaires de l'étranger, comme s'il ne s'agissait que de tournois de parade ? Qu'on se garde de ces invitations à une sorte de fête de Compiègne en plein champ de manœuvre. On semblerait jouer au rallye-paper, il n'y manquerait que les dames en toilette de circonstance et le champagne au lieu d'obus dans les fourgons !

Triste ! triste ! dirait Balzac.

Poor Yorick ! gémirait Hamlet en face de la tête de mort et, se répondant, en lui-même, à la cantilène mélancoliquement indifférente du fossoyeur !

Plus de Comédie ! Bas les masques ! Balzac ressuscite-nous Celtes et Français ! Carillonne à toute volée pour avertir le temps présent des responsabilités suprêmes.

Balzac ! mets, parmi nous, la France en éveil à jamais, en son génie, pour sa mission et dans son immortalité !

FIN

TABLE DES CHAPITRES

PARIS. — L. DE SOYE ET FILS, IMPR., 18, R. DES FOSSÉS-S.-JACQUES.

ERRATA

Pages.	Lignes.	Au lieu de :	Lisez.
123.	13.	Robert Aven,	Robert Oven.
123.	24.	Aven,	Oven.
141.	23.	torse,	torve.
142.	32.	en témoigner,	en composer.
8.	17.	on a été deranger,	on est allé.
8.	3.	indispensable, il est.	indispensable il est.
8.	20.	en parenté,	par parenté.
11.	31.	en ses parages,	en ces parages.
12.	21.	il lui avait été donné,	il lui était donné.
19.	10.	insérant,	enserrant.
46.	18.	les exigence,	les exigences.
106.	4.	aux apparences,	en apparence.
110.	11.	côté cou,	côté court.
110.	20.	un lenteur,	une lenteur.
110.	25.	vous a marqué,	vous a marqués.
114.	29.	dotée	dotés.
124.	28.	qu'il savait apte	aptes.
131.	15.	bi-laique,	bi-lingue.
132.	13.	de ses foyers,	dans ses foyers.
133.	15.	déchéance,	d'échéance.
136.	29.	se ruait.	se ruant.
137.	19.	instituaient,	constituaient.
151.	21.	rester indifférents,	indifférent.
165.	12.	son corps,	son cœur.
182.	6.	rastaqouère,	rastaquouère.

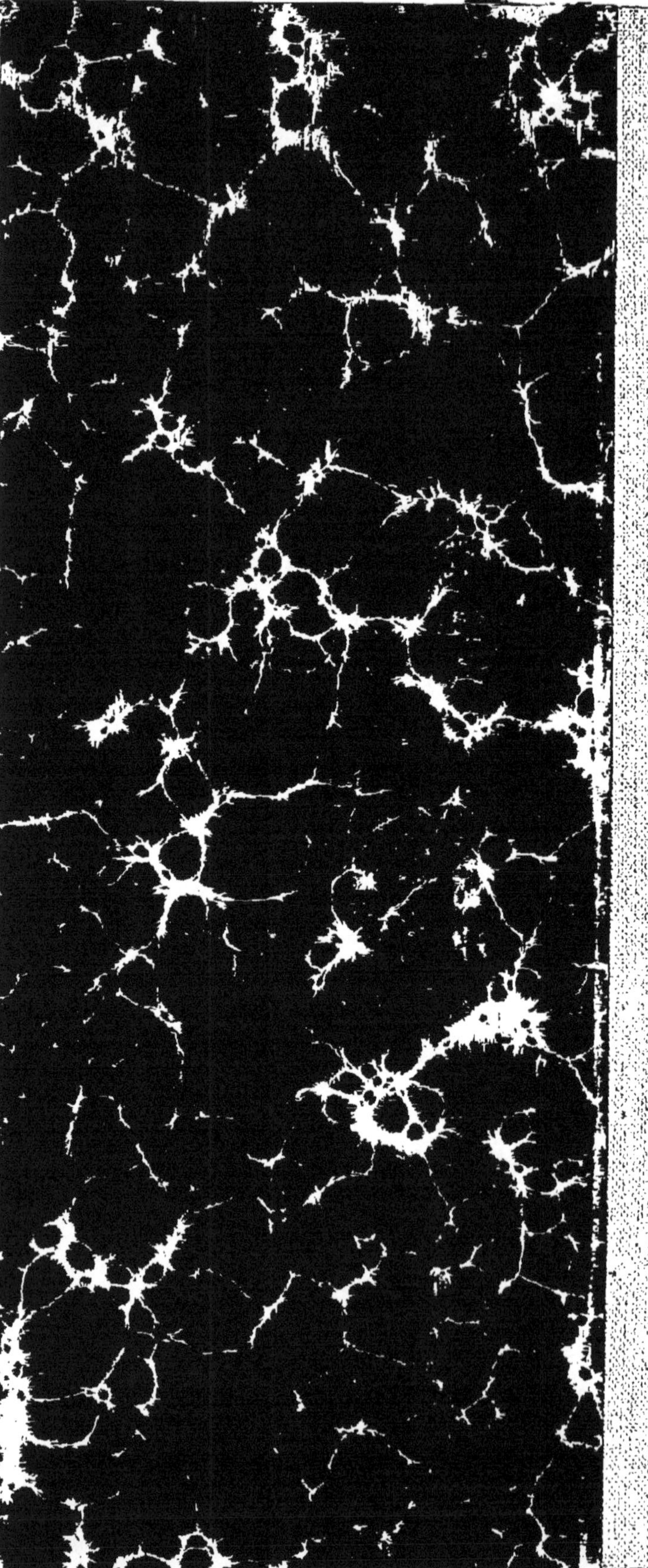